Heinrich Hart

Friedrich Spielhagen und der deutsche Roman der Gegenwart

Heinrich Hart

Friedrich Spielhagen und der deutsche Roman der Gegenwart

ISBN/EAN: 9783743658356

Hergestellt in Europa, USA, Kanada, Australien, Japan

Cover: Foto ©Thomas Meinert / pixelio.de

Weitere Bücher finden Sie auf **www.hansebooks.com**

Heinrich Hart. Julius Hart.

Kritische Waffengänge.

Sechstes Heft.

Friedrich Spielhagen

und der deutsche Roman der Gegenwart.

Leipzig

Verlag von Otto Wigand.

1884.

Friedrich Spielhagen

Verlag von S Schottlaender in Breslau

Friedrich Spielhagen

und der deutsche Roman der Gegenwart.

Friedrich Spielhagen verkörpert in sich eine ganze Epoche deut=
scher Erzählungskunst. Diese Epoche geht allgemach ihrem Ende ent=
gegen, aber eine neue kündigt sich erst durch wenige Vorläufer an.
Trotzdem geschieht es nur um der aufgehenden willen, daß ich die
untergehende zu kennzeichnen versuche; ich möchte ergründen, welche
Ursachen den deutschen Roman bislang verhindert, jene Höhe zu er=
reichen, die von Spaniern und Britten bereits erklommen wurde
und ich möchte erkennen, in welcher Richtung die Wege, die hinauf=
führen, liegen.

Die Schöpfungen Spielhagens bilden daher nur den Ausgangs=
punkt für mich; er ist mehr als irgend ein Anderer der Vertreter
des Heute, nicht weil er höher steht, als etwa ein Gustav Freytag
oder Gottfried Keller, sondern weil er trotz all seiner Begabung im
einzelnen, doch im gesammten ein Typus des durchschnittlichen Talentes
und des durchschnittlichen Könnens ist, weil sich in seinen Fehlern am
klarsten die Fehler widerspiegeln, welche dem deutschen Romane über=
haupt anhaften, an seine Vorzüge aber sich am leichtesten die Vor=
aussicht eines Besseren anknüpfen läßt.

* * *

Wie unsre Literatur im allgemeinen hat auch der deutsche Roman
eine Bahn durchlaufen, die in den mannigfaltigsten Windungen,
fortwährend durchkreuzt von fremden Pfaden und hier und da zu
einem bloßen Spurweg verkümmernd, kaum noch den Eindruck einer
Sonderheit, einer eigenen naturgemäßen Richtung hinterläßt. Seit

1*

dem Ende des 14. Jahrhunderts, da der Geist des Ritterthums im Niedergang begriffen und das breitere behagliche Leben des Bürgerthums die nationale Herrschaft gewann, zerfiel auch das mittelalterliche Epos, nachdem es zuletzt jeden tieferen Gehalt, jeden Glanz der Form verloren, und ging unter, unverstanden in seinen Zielen wie in seinem künstlerischen Ausdruck. Dieser letztere war nach den Tagen Konrads von Würzburg mehr und mehr zu bloßer Spielerei ausgeartet und konnte daher den ernsteren Sinn eines neuen Geschlechtes, das nach kräftigem Realismus begehrte, nicht länger befriedigen. Wie zu allen Zeiten wandte sich das realistische Bedürfniß zunächst von der Tändelei der bestehenden Form ab und löste daher das Metrische in Prosa auf, ohne zugleich einen neuen Stoff und neue Ideen finden zu können. In solchen Uebergangsepochen scheint deshalb die neue Form nach neuem Gehalt zu suchen und nicht der neue Gehalt sich in neuen Formen auszuprägen. Aber das ist nur äußerlicher Schein; in Wirklichkeit ist der neue Geist stets das Erste, nur fehlt es ihm im Anfang an der Kraft, sich anders als durch das Medium der Form zu neuem Inhalt durchzuringen. So ist es denn ein Zeichen ebenso der Kraft wie der Schwäche, wenn eine Literatur vom Vers zur Prosa übergeht und das Gleichgewicht tritt erst dann wieder ein, sobald die Prosa künstlerische Form annimmt und der Vers von neuem sich mit Idee und realistischem Ernst erfüllt.

Die ersten Romane nun zeigen noch nichts von künstlerischer Prägung und Gestaltung, es sind in Prosa aufgelöste Epen, überall behaftet mit den Spuren ihres Entstehens, nicht Eis, nicht Wasser. Bald aber wuchs den Verfassern solcher Umarbeitungen auch der Muth, die Sagen, welche den Epen zu Grunde lagen, frei und ohne Anlehnung an ein episches Muster zu behandeln. Da es jedoch kein innerer, dichterischer Trieb war, welcher diese Schriftsteller beseelte, so wurde ihnen die Mühe selbstständigen Schaffens schnell leid und sie holten sich lieber von den immer dienstfertigen Nachbarn, den Franzosen, welche bereits einen tüchtigen Vorrath fabulirender Prosa angehäuft, ihr Pensum Rittergeschichten und übertrugen es. Wir können nun einmal ohne fremden Sauerteig nicht in Gährung gerathen, und es ist gut so, unser Bestes wird dafür

allezeit etwas weit Besseres, als das Allerbeste Derer, die sich ab-
schließen. Zu den ersten Uebersetzern, die nach und nach auch die
Schätze anderer Völker, zumal der Italiener, plünderten, gehörten
natürlich zwei Frauen, die Herzogin Margarethe von Lothringen
und Elisabeth von Nassau. Während der Roman lange Zeit ausschließlich in solcher Abhängigkeit vom Auslande verharrte und zugleich an keiner Stelle aus dem bloßen Fabuliren zu einer realistischen Spiegelung von Zeit und Volk gelangte, kam endlich in den
kleineren Erzählungsformen ein frischeres, natürliches Element zum
Durchbruch. Hierhin rechne ich Pauli's Schimpf und Ernst, den
Eulenspiegel und das Lalenbuch, deren lebendige Prosa und ur-
wüchsiger Stil auf den Errungenschaften fußt, welche durch Luthers
Bibelübersetzung der deutschen Sprache gewonnen waren. Alle An-
zeichen deuteten nunmehr darauf hin, daß eine große Epoche deut-
scher Literatur im Werden begriffen sei, aber es bildeten sich nur
Knospen, die Entwickelung zur Blüthe wurde durch die Nachtfröste
politischer und religiöser Zerrissenheit, die in endlosen Bruderkämpfen
gipfelten, verhindert. Solche Knospen waren die Romane des Jörg
Wickram, der im „Knabenspiegel“ zum ersten Male ein deutsches
Zeit- und Landschaftsbild entrollte; nichts anderes, als solche Knospen
blieben aber auch Johann Fischarts überschüssig lebens- und geistes-
volle, noch mehr jedoch virtuosenhafte Schöpfungen. Inzwischen
hatten bereits von Frankreich her die Amadisromane mit ihrem
Reichthum packender Situationen und reizvoller Schilderungen, getragen von einer klaren, feingegliederten Sprache, Deutschland über-
schwemmt und ebenso siegreich drangen die aus Spanien stammenden
Schäferromane vor. Uebersetzungen und Nachahmungen dieser Ein-
bringlinge erfüllen das ganze 17. Jahrhundert, gegen Mitte und
Schluß dieses Zeitraumes vollendeten sodann die englischen Aben-
teurerromane die Abhängigkeit vom Auslande. Eine grünende Insel
nur in diesem Fluthschwall, der Simplizissimus; aber auch dieser
vermag keine neue Entwicklung anzubahnen, weil er nicht, wie etwa
der Don Quijote, zu vollendeter Kunstform ausgeprägt ist und weil
die Sprache, aus der er herausgeboren, noch nicht abgeschlossen und
durchgebildet genug war, um in künftigen Geschlechtern mehr als
culturhistorisches Interesse zeugen zu können.

Das 18. Jahrhundert setzte zunächst die Bestrebungen des 17.
ohne eigenartige Zuthat fort, denn die dickleibigen Heroenromane
geben nichts als eine Mischung abenteuerlichen Ritter- und ge-
schminkten Schäferthums, erst in den 40er Jahren kommt die etwas
modernere und halbrealistische Gattung des moralisch sentimentalen,
meist bürgerlichen Romans zur Geltung. Wiederum ist es jedoch
das Ausland und zwar England, welches die Muster bietet.

Die erste deutsche Erzählung, welche die Welt für sich gewinnt,
weil sie individuelles und nationales Leben athmet, ist der Werther.
Von nun an tritt Deutschland auch im Romane den anderen Län-
dern selbstschöpferisch zur Seite, aber im allgemeinen nur der Quan-
tität nach ebenbürtig. Ein großer einheitlicher Stil will sich nicht
bilden und selbst der Wilhelm Meister Goethe's entbehrt zu sehr der
einheitlichen Gliederung, bleibt zu sehr im Subjektiven stecken und
ist dem nationalen Horizonte nach zu sehr begrenzt, als daß er mit
dem Don Quijote oder dem Tom Jones in eine Reihe treten könnte.
Weder die wüste Albernheit der Ritter- und Räubergeschichten noch
die Dürre kleinlicher Familienromane, weder unsere Humoristen,
unter deren Bizarrerien die gesunde Triebkraft des Realen erstickt,
noch die Romantiker weisen mehr als zerstreute Keime eines nationalen,
blüthefähigen Romanes auf, — die großen Talente wenden sich fast
ausschließlich der Lyrik und dem Drama zu. Das letztere wird erst
anders, als das junge Deutschland in die Scene tritt. Der Roman
erscheint von jetzt an als bevorzugte Gestaltungsform, man sucht ihn
mit klarer Bewußtheit als Träger moderner Ideen und als Spiegelbild des Lebens zu verwerthen, doch weder Gutzkow noch Laube
waren echte gestaltungskräftige Poeten und durch das Suchen nach
Tendenz stellten sie sich unter ihren Stoff, statt über denselben.
Seiner Nation Führer zu sein, ist gewiß des großen Dichters Sache,
aber politische, sociale und sonstige Tendenzen sind etwas anders als
ethische und nationale Ziele, — wahre Epik ist wol mit diesen, mit
jenen aber nimmermehr vereinbar.

Die politische Ernüchterung, welche der Wirbeltanz des Jahres
1848 im Gefolge hatte, jenes Jahres, in welchem 118 Professoren
in der Paulskirche die Begeisterung des Volkes in einige Dutzend
löcheriger Paragraphen einsargten, diese Ernüchterung trennte auch

die Schriftsteller, denen eine Gesundung der Nation am Herzen lag, alsbald nach ganz verschiedenen Richtungen hin. Während Gutzkow, Max Walbau und Andere den reinen Tendenzroman, der sich begnügt, einen einzigen Moment der zeitigen Volksgeschichte mit der Oellampe des Herrn Verfassers zu beleuchten, weiter pflegten, wandte sich Willibald Alexis der historischen Erzählung zu und gelangten Gustav Freytag und Fritz Reuter zu einer lebendig treuen Wiedergabe socialen Lebens und Treibens in realistischer Form. Reuters Gesichsweite war jedoch eine sehr beschränkte, die Genrebilder, welche er zeichnete, sind einem sehr engen Stoffgebiet entnommen, alles Umfassende, Große liegt ihm fern, er ist ein gemüthlicher Haus- und Feldpoet, aber kein Zeitpoet. Freytag dagegen fehlt es an mächtigem Willen nicht, nur geht ihm zu schnell der Athem aus und der Gelehrte in ihm ringt fortwährend mit dem Dichter. Er vermag es, ein Lustspiel zu schaffen, das in der Nacht unseres Komödienelends wie ein Stern aufgeht und neue Bahnen zeigt, um dann mit ebensolchem Eifer der Komödie den Rücken zu kehren und seine Kraft an Fabier und Kulturgeschichte zu vergeuden. Er schafft einen Roman, der ohne aufdringliche Tendenz die Wirklichkeit verklärt, der, ein treffliches Gemisch von Humor und Idealismus, deutsches Sein verkörpert, um schließlich in den Ahnen ein Ragout zu bieten von Epos und Roman, von überdichterischem Stil und dürrstem Material, von Geschichte und Familienklatsch, von Fisch und Fleisch, das keinen, der ihn verehrt, erquicken kann. Nicht daß Gustav Freytag neben dem Trefflichen auch minder Treffliches geschaffen, ist sein und unser Leid, denn welchem Dichter wäre nicht gleiches nachzusagen, sondern daß seine Entwicklung so wenig gradauf geht, daß seine Schöpfungskraft stets nach einem großen Aufschwunge so schnell wieder sinkt, daß seine Erscheinung so wenig ein Ganzes, Einheitliches darstellt. Wenn es nicht vorschnell ist, schon jetzt ein abschließendes Urtheil über ihn zu fällen, so möchte ich sagen, daß er gleich Gutzkow und Spielhagen der Typus eines Schriftstellers im Gegensatze zu dem des Dichters ist, eines Schriftstellers, dessen mehr nachbildendes als selbstschöpferisches, mehr sammelndes als intuitives Vermögen an das Wesen des dichterischen Ingeniums rührt, ohne doch mit der siegenden Gluth, mit der elementaren Triebkraft des

Dichters erfüllt zu sein. Eine mittlere Stellung zwischen Gutzkow und Freytag nimmt Friedrich Spielhagen ein, er ist ein Eklektiker, dessen Romane an realistische Kleinmalerei ebenso wie an Tendenz anstreifen und die zugleich zwischen nüchterner Beobachtung des Alltäglichen und einem romantischen Hang nach Seltsamkeiten auf's verwunderlichste schwanken. In Einzelheiten übertrifft ihn mancher der Mitstrebenden, aber in seiner Gesammtheit vertritt er genügend alle Richtungen der jüngsten Vergangenheit, um aus seinen Werken erfahren zu können, auf welche Stufe der deutsche Roman nach einer Entwicklung von fünf Jahrhunderten gelangt ist. Und in der Kritik dieser Werke wird es sich zeigen, ob es dieser Roman ist, der unser nationales Sein und Denken zu lebendiger, ungetrübter Anschauung bringt und dessen Kunstform dem höchsten ästhetischen Bedürfniß entspricht.

* * *

Damit habe ich zwei Forderungen an den Roman gestellt, die, so einfach sie erscheinen, mich zwingen, ihre Berechtigung nachzuweisen. Es nähme das wenig Nachdenken, wenig Mühe in Anspruch, wenn es eine Theorie des Romans gäbe, welche klar, bestimmt und umfassend allgemeine Gültigkeit errungen hätte. Aber eine solche Theorie besteht nicht, sie besteht so wenig, daß nicht zwei Aesthetiker von dem Wesen, von der Bedeutung des Romans, von dem Gebiete, das er umspannt, von seinem Zusammenhange mit den übrigen Formen der Kunst dieselbe Meinung haben. Es gelüstet mich nun freilich nicht, selbst eine Theorie aufzustellen, wol aber muß ich versuchen, wenigstens einige feste Linien zu finden, ohne die ein künftiger Grundriß nicht möglich wäre. Auf diese Weise biete ich dem Leser die Handhabe, meine Kritik an dem Romane der Gegenwart selbstthätig zu prüfen, oder vielmehr die Kritik zugleich mit mir auszuüben, und jede wahre Kritik, welche mehr als ein Geplauder sein will, sollte in gleichem Geiste aufgebaut werden. Jene festen Linien lassen sich nun auf keine andere Weise gewinnen, als aus der Geschichte des Romans und den anerkannten Meisterwerken der Gattung, welche den Tag überlebt und daher Züge bieten, die für die Gattung selbst gültig heißen müssen. Die erste

Frage an die Geschichte lautet natürlich: wie ist der Roman ent-
standen? Den Ursprung des neueren habe ich in der Einleitung
angedeutet, der des antiken ist kein anderer. Es ergibt sich aus
jenen Andeutungen zunächst, daß der erste Roman ohne Frage eine
That der Verflachung war. Das Werk des dichterischen Talents
wurde durch einen mittelmäßigen Kopf der Menge mundgerecht gemacht. Diese Umwandlung setzte freilich voraus, denn Sprünge
gibt es weder in der Natur- noch in der Geistesgeschichte, daß die
Literatur aus dem Zeichen des Genies in das Zeichen des Talents
niedergestiegen war, daß das reine Epos mehr und mehr zur poe-
tischen Erzählung, zu einem Mitteldinge zwischen Epos und Erzählung verdünnt war. Indem aber der Erzähler die Form um-
wandelte und die gehobene Sprache des Epos der Umgangssprache
der Menge näherte, mußte er nach und nach empfinden, daß die
alten Stoffe der neuen Form nicht besonders angemessen seien.
Schritt für Schritt ging deshalb der Roman in die Schilderung
des Alltagslebens über, indem er zunächst das Außerordentliche als
etwas Gewöhnliches erfaßte, die alten Sagen nämlich als Ereignisse,
wie sie täglich sich begeben können, darauf alltägliche Stoffe in allerlei
idealen Aufputz hüllte, das heißt seine Helden zu Prinzen und
Schäfern machte oder die Handlung in entlegene Länder verlegte
und schließlich das gewöhnliche Leben so schilderte wie es ist. Auf
diesen Weg gelangt wurde er das was er sein sollte, ein selbststän-
diges Wesen nämlich und nicht wie bislang ein Zwitter. Aus dem
Epos hervorgegangen, konnte er sich als ein Eigenartiges nur dadurch behaupten, daß er in einen gewissen Gegensatz zu dem Er-
zeuger trat. Aus diesem Gegensatze muß sich daher eine Reihe von
Zügen herleiten lassen, welche der Einblick in die Musterwerke der
Gattung zu bestätigen hat. Der Einwand, daß ein solcher Gegensatz nur ein scheinbarer sei, daß Epos und Roman sich nicht anders
unterscheiden, als ein Drama in Versen und ein Drama in Prosa,
wird sich in dem Folgenden ganz von selbst widerlegen. Um mög-
lichste Klarheit zu erzielen, hole ich jedoch weiter aus, als der unmittelbare Zweck erfordert und setze so wenig, wie eben angänglich
ist, voraus.

Poesie im weitesten Sinne ist ohne Frage das Elementare im

Gegensatz zu dem Gemachten, das Ideelle im Gegensatze zum rein Materiellen, das Geheimnißvolle im Gegensatz zum Nüchternen, das Natürliche im Gegensatz zum Conventionellen, mit einem Worte das zeugende Urleben der Seele oder auch das Band, das den in den Leib gebannten Einzelgeist mit dem Allgeiste verknüpft. In diesem Sinne gehört alle religiöse Empfindung, alles spekulative Denken zur Poesie und bildet sie insbesondere den Urgrund aller Kunst und aller Künste. Soll sie aber in die Kunstform geleitet, soll sie aus bloßer Empfindung zur That, statt Schöpferin Schöpfung werden, so vermag sie das nicht anders, als daß sie einen Theil ihres Wesens aufgibt und in der bildenden Seele des Künstlers einen Compromiß mit der Wirklichkeit eingeht. Reine Poesie gestalten, das kann der Künstler nicht, er muß ihr den Leib des Wirklichen geben und das Poetische als Seele in diesen Leib einhauchen. Da- durch entsteht eine Stufenfolge in der Reihe der Künste, je nachdem das Leibliche oder das Seelische überwiegt. Die Architektur, welche mit dem schwersten Materiale arbeitet, bildet die unterste, Malerei und Musik, welche in Farbe und Ton ein äußerst verfeinertes aber doch rein sinnliches Material handhaben, die mittlere, und die Dicht- kunst, welche das wenigst körperliche Material, die Sprache, den reinsten Geistesstoff benutzt, die höchste Stufe. Eine gleiche Folge tritt aber auch in der Dichtkunst selbst zum Vorschein. Das Lyrische ist am wenigsten Leib und am meisten Seele, weil es am wenigsten des Aeußeren, Wirklichen bedarf, ihm zunächst steht das Dramatische, das in dem Aeußeren vorwiegend das Innerliche widerzuspiegeln sucht und an letzter Stelle steht das Epische, das freilich auch, wie alle Poesie, einen idealen Kern enthält, ihn aber am meisten mit Schalen des Aeußerlichen umhüllt. In dieser Bestimmung liegt natürlich kein Werthmesser für die Bedeutung einzelner Dichter und einzelner Werke dieser Gattungen, denn der Werth künstlerischer Werke beruht wie jedes menschliche Thun auf dem Einfluß, den sie auf die Förderung des Menschlichen und der Menschheit ausüben. Der große Dichter wird in allen Formen diesen Einfluß gewinnen können, aber freilich in der einen leichter, als in der anderen, oder wenn nicht leichter, so doch unvermittelter. Die Namen des Lyrikers Jesaias, des Dramatikers Shakespeare, des Epikers Homer sind

gültige Zeugniſſe. Aber die Stufenfolge iſt noch nicht geſchloſſen.
Auch in den einzelnen Gattungen der Dichtkunſt, und das iſt mir
das Wichtigſte, kommt es zu einer Theilung in eine reale und in
eine ideale Reihe. In der Lyrik tritt dieſe Gliederung am undeut-
lichſten hervor, aber ſie iſt vorhanden; zur idealen Reihe gehört die
Lyrik, welche das Allgemeinmenſchliche, Religion, Liebe, Freiheit, berührt, zur realen die Lyrik, die ſich dem Leben des Tages, politi-
ſirend und moraliſirend, zuwendet. Klarer zeigt ſich der Unterſchied
beim Drama. Hier iſt es die Tragödie, ich nehme das Wort in
ſeinem weiteſten Umfange, welche das Ideale, Ewige, Allgemeine,
den Kampf des Schickſals mit dem Individuum, behandelt, während
die Komödie vor allem das Zeitliche, Individuelle, Reale in ihre
Kreiſe zieht. Am deutlichſten geſtaltet ſich der Unterſchied auf dem
Gebiet des Epiſchen. Hier bildet die eine Reihe die Epopoie, die
andere der Roman. Kleinere Nebengattungen, wie die Novelle (in
Vers oder Proſa) und die Ballade ſind, wie ich nicht zweifle, als
Uebergänge des Epiſchen zu dem Lyriſchen und Dramatiſchen zu
erfaſſen, denn nur die Form iſt epiſch (bei der Ballade nicht einmal durchgängig), ihrem Weſen nach zielen ſie aber auf ſtraffe Con-
centration, nicht auf Breite, auf rein ſeeliſche, nicht auf äußerliche
Vorgänge. Ueberhaupt trennen ſich die Gattungen nicht durch feſte
Grenzen, ſondern fließen in einander über und je nach der Natur
des Dichters kann ein Epos lyriſcher oder dramatiſcher, ein Drama
lyriſcher oder epiſcher gefügt ſein.

Was iſt aber der Schluß, zu dem dieſe geſammte Ausführung
hindrängt? Offenbar dieſer: es beſteht zwiſchen Roman und Epos
ein weſentlicher, nicht etwa ein formaler Unterſchied. Ob eine Dichtung in Vers oder in Proſa ſich kleidet, dieſer Unterſchied reicht
keineswegs aus, eine Gattungsgrenze feſtzuſetzen, denn der poetiſche
Ausdruck iſt an keine äußere Form gebunden. Den ſchwachen Dichter
wird der Vers nicht adeln, den mächtigen die Proſa nicht erniedrigen
und die Proſa in Goethe's Götz iſt poeſiereicher als die Verſe der
Jambendichterlinge von Raupach bis auf Kruſe. Allerdings zwingt der
Vers im allgemeinen mehr als die Proſa, das rein Elementare, das
rein Poetiſche aus der Sprache herauszuſchälen; wer in ihm arbeitet,
arbeitet in Marmor, nicht in Sandſtein, und aus dieſem Grunde

wird die ideale Reihe der Dichtkunst mehr den Vers, die reale mehr
die Prosa zum Gewande nehmen. Diese, welche sich in die Wirklichkeit vertieft, zieht Nutzen davon, wenn sie die Sprache der Wirklichkeit erwählt, jener, welche mehr das Seelische sucht, geziemt eine
concentrirende, Ueberflüssiges und Alltägliches schärfer ausschließende
Form. Was von den gesammten Reihen gilt, gilt auch vom Epos,
vom Roman. Ein Epos in Prosa bildet keinen Roman, ein Roman
in Versen kein Epos. Ziehen wir ein Beispiel herbei, das uns zugleich näheren Aufschluß gibt über den Unterschied zwischen jenen
beiden, den wir als einen wesentlichen hingestellt. Ein solches Beispiel bieten am füglichsten die bedeutendsten Epen der Literatur auf
der einen Seite, die gefeiertsten Romane auf der anderen. Um nur
einige zu nennen, deren Werth unbestritten ist, wähle ich zur gegenseitigen Vergleichung Homers Ilias, Firdusi's Schahnameh und das
Nibelungenlied, sowie von Romanen Cervantes' Don Quijote, Fiel-
dings Tom Jones und Grimmelshausens Simplizissimus. Jener
Ansicht nach, welche heute gang und gäbe ist, wären die großen
Epiker die Romandichter ihrer Zeit gewesen und die heutigen Romandichter die Epiker der unsren, das Epos wäre also nichts als eine
diluvianische Form des Romans, beide verhielten sich zu einander
wie Mammuth und Elephant. Das Falsche dieser Ansicht muß der
Vergleich der Meisterwerke erweisen oder unsere durch abstrakte Zer-
gliederung der Poesie gewonnene Zweitheilung des Epischen war ein
Fehlschluß. Die erste Frage, die uns Klarheit verschafft, wird sein,
was ist den Epen, was den Romanen gemeinsam? Da ergiebt sich
denn zunächst, daß keines der drei Epen (von dem Homerischen läßt
es sich freilich nur vermuthen, aber doch mit Sicherheit vermuthen)
das Leben, die Menschen schildert, in dem und unter denen der
Dichter weilte, sondern daß er sie in eine geschichtliche Perspektive
und in eine ideale Beleuchtung rückt, ohne jedoch den realen Boden
zu verlieren. Kein Zweifel, daß Homer die Sitten und das Getriebe seiner Zeit vor Augen hatte, aber er malt sie nicht als solche,
sondern läßt sie sich abheben von dem Hintergrund einer eben
vergangenen Epoche. In gleicher Weise verfährt der Dichter des
Nibelungenliedes; er entwirft ein Drama des nationalen Ritterthums, aber den Stoff entnimmt er der Vergangenheit, und ebenso

Firdusi, der sein ungeheures Werk mit jenem Zeitpunkt enden läßt,
wo die Geschichte seines Volkes aufhört Geschichte zu sein und Gegenwart wird, wo das alte Persien aufhört und das neue beginnt.
Ganz im Gegensatze dazu verfahren die Romandichter, sie stellen sich
mitten in das Treiben ihrer Zeit hinein, Cervantes auf einen Standpunkt, von wo er Mittelalter und Neuzeit theils in einander über-
gehen, theils sich scheiden sieht, Grimmelshausen in das Gewoge
des 30jährigen Krieges und Fielding in eine Periode, die das lustige
Altengland noch einmal aufleben sah, und sie schildern dann die
Wirklichkeit und zwar eine bedeutsame Wirklichkeit, nicht herrlicher
und nicht schlechter, als sie dieselbe geschaut. Nicht minder gleichen
sich die drei Epiker darin, daß sie ideale Typen ihres Volkes, nach
der edlen wie nach der dämonischen Seite hin gestalten, daß sie fast
einzig die Aristokratie der Menschheit, im eigentlichen Sinne des
Wortes im Auge haben und die Masse nur als Masse, nicht als
individuell gegliedertes Ganze behandeln. Daß Achilles, Siegfried,
Rustem solche Typen bilden, braucht nicht hervorgehoben zu werden,
aber auch ein Thersites tritt nicht als Individuum hervor, sondern als
die in einem Einzigen verkörperte Menge. Ebenso übereinstimmend
aber verhalten sich die Romandichter. Ihre Haupthelden sind alles
Andere als Ideale, weder der närrische Don, noch der Abenteurer Tom,
noch der heimatlose Simplizissimus ragen über die Menge hervor, sie
alle sind Menschen mittleren Schlages, wenn auch Sonderlinge, und
werden hauptsächlich dazu benutzt, in Situationen geführt zu werden,
welche eine möglichst breite Entfaltung des Volkslebens, des Lebens der
Masse in ihren einzelnen Charakteren ermöglichen. Ein dritter Ver-
gleichungspunkt ergibt sich aus den beiden vorigen. Jeder der Romandichter sucht ein allseitiges Gemälde seiner Epoche zu geben, er blickt
wie im Kreise um sich herum, und nichts ist ihm zu gering, nichts
seiner Feder unwerth, was wirklich ist, mag auch der eine mehr, der
andere weniger sehen. Die Epiker dagegen concentriren ihren Stoff,
sie drängen ihre Handlung, ohne im einzelnen der epischen Breite zu
vergessen, energisch einem Zielpunkte zu. So wird das Nibelungenlied fast zu einem Drama, die Ilias nicht etwa zum Gemälde des
trojanischen Krieges, sondern zur Schilderung des Zornes des Achilles
und seiner Folgen, und auch Firdusi führt sein Werk wie auf einer

geraden Linie vorwärts. Mit einem Wort, der Romandichter ist
Realist, der Epiker (in engerem Sinne) Idealist, jener ist mehr Maler,
dieser mehr Plastiker, jener individualisirt, dieser typisirt, jener ist
Demophile, dieser Aristophile. Letztere Bezeichnungen sind natürlich
jeden politischen Nebensinnes zu entkleiden. Beiden gemeinsam aber
ist die epische Objektivität, beide stehen über dem Getriebe und reden
nicht in dasselbe hinein. Allerdings können gleich allen Gattungen
der Kunst auch Epos und Roman sich miteinander vermischen, aber
das Produkt dieser Mischung, und ein solches ist der historische
Roman, wird niemals jene Vollendung aufweisen wie eine Dichtung,
die in den Grenzen ihrer Gattung das Höchste zu sein versucht.

* * *

Karl Hillebrand hat vor Kurzem der Ansicht Ausdruck gegeben,
daß der heutige Roman mit geringen Ausnahmen zum bloßen Tendenzroman geworden sei, der, wenn auch in den besseren Dichtungen
verdeckt, auf irgend eine Moral oder Spekulation hinauslaufe, die
den reinen ästhetischen Genuß desto mehr herabdrücke, je stärker sie
hervortrete. Diese Beobachtung ist zweifellos richtig, sie hat auch
mir den ersten Anstoß zu diesem Waffengange gegeben, aber Hillebrand gründet sie weder tief genug noch weiß er klare Folgerungen
aus ihr zu ziehen. Zunächst hätte Hillebrand seinen Vorwurf nicht
allein gegen unsre Zeit, er hätte ihn gegen die Mittelmäßigkeit aller
Zeiten richten sollen, denn es war stets ein Bedürfniß der Mittelmäßigkeit, Dichtung und Moral zu verquicken, und hier und da
wurden auch große Talente von dieser Seuche ergriffen. Die
Pamela und der Grandison leisteten in ihrer Weise dasselbe, was
die modernen Naturalisten auf ihre Weise versuchen. Aber der fein-
sinnige Historiker hat auch die Ursache mißkannt, welche das ästhetische Mißbehagen an derlei Romanen erweckt. Die großen Romandichter, auf welche ich mich bezogen, sind Realisten vom Scheitel bis
zur Sohle, sie gestalten die Wirklichkeit, die volle, reiche Wirklichkeit
mit allen ihren Flecken, mit allen ihren Verzerrungen. Diese Flecken,
diese Verzerrungen sind aber, rein äußerlich betrachtet, nur zu oft
so widerwärtig, die Wirklichkeit selbst ist nur zu oft so nüchtern,
kleinlich und gemein, daß der ästhetische Sinn abgestoßen wird, statt

angezogen, daß an seine Stelle sein Widerpart eintritt, die Ent=
täuschung, der Ekel. Und dennoch haben die Meister es verstanden,
die krasse Realität genießbar, selbst das Widerliche ästhetisch erfreulich
zu machen. Wodurch? Sie sahen die Wirklichkeit in dem mildernden
Lichte des Humors. Der Humor ist nichts anderes als die auf die
Spitze getriebene Objektivität; der Epiker, der nur die Gipfel des
Menschlichen sieht, bedarf keiner besonderen Anstrengung, um ruhig,
klar und objektiv zu bleiben, der Romandichter jedoch, soll ihn das
unendliche Durcheinander nicht verwirren, will er dem Gemeinen
gegenüber nicht zum Prediger werden, muß die Besonnenheit so scharf
anstacheln, daß ihr alle Dinge nicht bloß als verständlich, sondern
als lachenswerth erscheinen, die einen mehr, die anderen weniger.
Der Humor ist ein farbiger Spiegel, in welchem das Edle bloß
liebenswürdig, das Gewaltige bloß kraftvoll, das Grelle bloß däm=
mernd erscheint, ebenso aber auch das Finstere bloß dämmernd, das
Gemeine bloß toll, das Grausige bloß schauerlich, das Unverständige
bloß tölpisch. Damit grenzt die Objektivität an ihr Extrem, die
Tendenz, aber sie grenzt auch nur daran und verwandelt sich höchstens
in eine allumfassende Theilnahme, welche kein Einzelnes bevorzugt.
 Ich komme auf den Punkt zurück, von dem ich ausging. Die
Forderungen, welche ich an den Roman stellte, waren: der Roman
soll das Denken und Sein einer bestimmten Epoche wiedergeben und
zwar soll, wie ich jetzt hinzufügen darf, diese Epoche die Gegenwart
des Dichters sein, und weiterhin, der Roman soll das ästhetische Be=
dürfniß voll und ganz befriedigen. Abstrakt wie geschichtlich glaube
ich diese Forderungen genügend begründet zu haben und ich habe sie
begründet, obwol sie in dieser Allgemeinheit schwerlich Widerspruch
finden werden. Aber ich bedurfte der Begründung auch nicht um der
Forderungen, sondern um ihrer selbst willen, denn sie sollte und hat
weit mehr ergeben, als ein bloßes Zeugniß für jene Allgemeinheit, sie
hat die Forderungen dahin erweitert, daß die Wiedergabe der Epoche
durchaus objektiv und realistisch zu halten ist und das ästhetische
Bedürfniß am wirksamsten befriedigt wird, wenn der Humor die
Wiedergabe durchleuchtet. Der Roman aber, der heute die Herrschaft
hat, mag er sich nun nach ~~Zola~~ oder nach ~~Spielhagen~~ nennen, er=
füllt die Forderungen weder im engeren noch im weiteren Sinne, er

ist tendenziös statt objektiv, moralisirend statt ästhetisch, er wirkt
peinlich statt erhebend, statt humoristisch, er gibt einen Ausschnitt
aus einer Epoche statt eines Gesammtbildes, eine Linie statt einer
Fläche. Um mich nicht zu zersplittern, werde ich alles dies an einigen
der Hauptwerke Spielhagens zu erweisen suchen, auf seine übrigen
Dichtungen aber und die anderweitige Romanliteratur nur dann
hindeuten, wenn es gilt, zu zeigen, daß die Züge, welche ich
hervorhebe, Züge des Spielhagen'schen Schaffens überhaupt, sowie
Derjenigen sind, welche mit ihm auf dem Gebiete des deutschen
Romans ihre Lorberen oder auch nur ihr Brod zu erringen suchen.
Es wird sich ergeben, daß die Masse der Romanschriftsteller verlernt
hat, zu erzählen, ein bedeutendes Talent ihr voran, dieses Talent
ist eben Spielhagen. Gleich Zola, wenn auch in entgegengesetzter
Richtung, hat er eine Reihe von interessanten und geistvollen Büchern
ins Publikum geworfen, aber sie bilden ein Gemengsel von allem
Möglichen, nur nicht reine Gebilde der Dichtkunst, nur nicht Romane
im höchsten Sinne des Wortes und deshalb werden sie nicht jenes
Leben durch die Jahrhunderte hinaus genießen, das nur den Werken
erblüht, welche die Zeit ihrer Entstehung voll und ganz in ästhetische
Form gegossen haben. Denn nur das rein Aesthetische ist ewig wie
das rein Ethische, alle Zeiten können es verstehen und genießen,
alles Moralische, Didaktische, Tendenziöse ist vergänglich; um ein
Beispiel zu wählen, so gehört zu dem Ewigen der erste Theil des
Faust, zu dem Vergänglichen der zweite.

* * *

Spielhagen hat aber nicht nur Romane uns gegeben, sondern
er hat uns auch seine Gedanken über die Technik des Romans, über
die Theorie der epischen Kunst nicht vorenthalten. Die Schrift, in
welcher diese Gedanken zu einer Sammlung vereinigt sind (Beiträge
zur Theorie und Technik des Romans) liest sich fast wie eine Recht-
fertigung der Kunst, wie sie Spielhagen ausübt. Es ist daher ge-
boten, diese Ansichten zu prüfen und zu würdigen, da sie nicht nur
auf das Wollen des Dichters einen Lichtstrahl werfen, sondern auch
mancherlei Fingerzeige für seinen schriftstellerischen Charakter bieten.
Aber es ist nicht immer leicht, eine Abhandlung von Spielhagen zu

lefen, da es vielfach dem Stil an Schärfe wie an Gleichnissen fehlt und der Stoff vom Hundertsten ins Tausendste endlos hingezogen wird. Noch bezeichnender jedoch für ihn, es wird sich das bei der Beurtheilung feiner Dichtungen herausstellen, ist die tödtliche Phrasenhaftigkeit, es gibt kein milderes Wort, in welche sich zum Beispiel die Rede zum Gedächtnisse Auerbachs verliert. Abgesehen davon, daß Auerbach mit den höchsten dichterischen Genien in eine Reihe gestellt wird, wie soll ich es anders bezeichnen, denn als Phrasenwulst, wenn Spielhagen, in dem Bestreben, die epische Kunst zu feiern, folgenden Bau auf- führt. „Das geprägte Wort ist allen Arten der Dichtkunst das ge- meinsame Material, aber doch mit Unterschied. Der dramatische Dichter muß das Wort abgeben an den Schauspieler, der die von ihm erdichtete Handlung darstellt; der Lyriker kann es freilich nicht abgeben, aber es wird ihm in den höheren Lagen der Empfindung nicht mehr voll genügen und zum Gesang werden, wenn nicht gar versagen. Es ist nur einer, der es nicht abgeben kann, weil, was er zu sagen hat, niemand weiß, als er, dem die Muse es gab; und dem es auch voll genügt, weil er sicher ist, daß die Fülle der Ge- sichte, die er zu offenbaren hat, ihn davor schützt, in irgend einem Augenblick von der Empfindung bewältigt zu werden." Es ist schlimm, wenn der epische Dichter, der Wortdichter, zum Wortemacher wird, oder sind die Worte, die ich angeführt, mehr als Worte? Dann den Sinn her, den Sinn! Der Dramatiker gibt das Wort ab an den Schauspieler? Als Dichter oder als Einer, der auf das Publikum wirken will? Wenn als letzteres, dann gibt auch der Epiker das Wort ab, nämlich an den Vorleser oder an den Recitator. Die drama- tische Dichtung als solche gewinnt durch den Schauspieler nichts neues, sie wird höchstens in eine andere Beleuchtung gesetzt und nur zu oft in eine schlechtere, als sie den Leser der Dichtung umsponnen hat. In eine andere Beleuchtung stellt aber auch der Vorleser den Roman oder das Epos, und der einzige Unterschied ist der, daß Dramen mehr aufgeführt als Epen vorgelesen werden. Aus einer solchen Aeußerlichkeit einen grundlegenden Unterschied zwischen den Gattungen der Dichtkunst herleiten zu wollen, einen Unterschied, der zur Folge hätte, daß ein Drama als Dichtungsart gar nicht bestehen würde, sondern nur als ein Gemisch von Dicht= und Schauspielkunst! Das passende Gegenstück zu dieser Ansicht ist das Urtheil über die Lyrik, bei der Spielhagen selbst die Folgerung zieht, die ich beim Drama gezogen. Dem Lyriker soll in den höheren Lagen der Empfindung das Wort nicht mehr genügen. Das heißt nichts anderes, als der Lyrik gleichfalls ihr Sonderrecht als Kunstgattung rauben, denn was wäre eine Kunst, die nur in den niederen Lagen sich geltend zu machen verstände. Aber gerade das Gegentheil ist der Fall. Es ist durchaus nicht die höchste Lyrik, von welcher die Musik untrennbar erscheint; Heine'sches Getändel wie die Lorelei nimmt sich vielleicht besser im Melodiegewande aus als ohne dasselbe, aber Heine's Nordseebilder, Klopstocks Oden, Goethe's freie Rhythmen würden durch die Verquickung mit Musik ihr Höchstes verlieren. Es geht der Lyrik gerade wie dem Drama und aller Dichtung überhaupt; die Musik kann ihr an sinnlichem Reiz nur ebendasselbe leihen, was sie ihr an Klarheit, Geist, Kraft und seelischem Charakter nimmt. Weiter auf die hervorgehobenen Sätze Spielhagens einzugehen, ist hier nicht der Ort, was er vom Epiker sagt, zerrinnt in gleicher Weise vor der Hand des näher Zutastenden und ich komme daher auf die Ge- sammtschrift zurück.

Uebereinstimmend mit dem, was ich auf den vorangegangenen Blättern gefunden habe, bezeichnet Spielhagen das epische Gedicht (den Roman inbegriffen) in seiner höchsten Vollendung als die durch Erzählung vermittelte dichterische Darstellung der Menschheit, soweit sich dieselbe innerhalb eines Volkes in einer gegebenen Epoche manifestirt. Der letztere Zusatz ist allerdings nicht präcis, denn es liegt durchaus keine Nöthigung vor, die Menschheit gerade durch ein Volk, und nicht auch durch die Menschheit selbst, ja sogar durch eine Familie oder ein Individuum, falls beide repräsentativ genug wären, zu offenbaren. An anderen Stellen aber beschränkt Spielhagen den Epiker noch mehr, er verlangt von ihm im allge- meinen, was ich nur vom Romandichter gefordert, daß er nämlich nur die Welt und die Zeit schildere, welche er selbst durchlebt. Damit im Zusammenhang steht die Meinung, deren Oberflächlichkeit ich bereits dargelegt, daß zwischen Roman und Epos kein anderer Unterschied sei, als zwischen Vers- und Prosaschreiben, daß der Roman das Epos abgelöst habe, daß der Vers für den heutigen Epiker eine drückende

Kette bilde. Alle diese Forderungen hätte Spielhagen vermieden, wenn er seine Abstraktionen ein wenig durch den Einblick in die Geschichte corrigirt. Es ist nämlich nur die eine Möglichkeit vorhanden, entweder sind ungefähr sämmtliche Epen der Weltliteratur verfehlt oder die Theorie des Epos ist nicht identisch mit der Theorie des Romans. Da ich nun Werke wie Firdusi's Schahnameh oder die Nibelungen, deren erster Vers lautet: „Uns ist in alten Mären Wunders viel geseit", oder auch Miltons Verlorenes Paradies nicht um eines Spielhagen'schen Satzes willen für dichterische Mißgeburten ansehen möchte, so halte ich an meiner eigenen Ansicht, welche sich mit der Theorie der Dichtkunst wie mit der Geschichte gleich gut verträgt, fest. Was Spielhagen dem Tragiker einräumt, daß er in die Geschichte zurückgehen dürfe, weil ihm der seelische, der ideelle Kern des Menschlichen die Hauptsache sei, das gilt mit ähnlicher Begründung auch vom Epiker, während Roman und Komödie, denen die Realität des Lebens den Vorwurf bietet, auf der entgegengesetzten Seite stehen. Ein Tragiker, der seinen Stoff dem heutigen Leben entnimmt, wird wol das Charakteristische der Zeit erfassen und wiedergeben, aber nur insofern, als es ein Ewiges, ein Menschheitliches ist, während der Komödiendichter, wenn er seinen Beruf versteht, weder das Zufällige noch das bloß Wirkliche, das Individuelle verschmäht. Wie sie verfahren auch der Epiker und Romandichter. Alle Schwierigkeiten, welche Spielhagen anführt, um die Unmöglichkeit eines Epos, welches die Gegenwart zum Vorwurf hat, zu erweisen, bedeuten gar nichts, denn sie gehen eben von der Annahme aus, daß ein Epos gleich dem Romane die ganze Realität wiederzugeben habe, das Portrait und nicht etwa das Gemälde der Zeit, die Wirklichkeit selbst statt des Ideals derselben. Wie ein Epiker die Zeit schildert, ersieht Spielhagen aus Goethe's Hermann und Dorothea, besonders wenn er dagegen hält, wie anders das Werk sich gestaltet hätte, wenn Goethe den Stoff in einem Romane ausgeführt.

Ein volles Wort der Zustimmung verdient die energische Art und Weise, mit welcher Spielhagen vom Epiker die „strikteste Observanz des Gesetzes der Objektivität" fordert, wie denn überhaupt seine männliche Begeisterung für die Reinheit und Würde der Kunst

2*

immer wieder wohlthuend berührt. Um so mißlicher ist es freilich,
daß der Theoretiker Spielhagen von dem Dichter nur zu oft im
Punkte der Objektivität im Stiche gelassen wird. Die ganze Einseitigkeit seines Wesens aber tritt hervor in seinen Bemerkungen
über den Humor und die Tendenz im Romane. So gewiß das
Recht auf seiner Seite ist, wenn er gegen die Meinung kämpft, der
Humor sei eine Weise des künstlerischen Schaffens und gleich dem
Tragischen und Komischen eine Anschauungsart der künstlerischen Phantasie, so gewiß verkennt er die eigentliche Bedeutung des Humors, in
bewußter oder unbewußter Konsequenz der eigenen Schaffensrichtung,
welche im Pathos wurzelt. Für Spielhagen ist der Humor die Anschauung oder Darstellung des Närrischen in der Welt. Wenn er
noch sagte, das Vermögen, allen Dingen der Welt ihr Närrisches
abzulauschen, dann hätte er wenigstens das Gebiet so weit gefaßt,
daß es nach Spielhagens eigenen Worten dem Gebiete der religiösen
Anschauung gegenübergestellt werden könnte. Wie Spielhagen aber
definirt, liegt das Halbe, Verzerrte, Beschränkte seiner Ansicht klar
am Tage. Ist es denn nicht möglich, ein Bild des Närrischen zu
geben, das jeder humoristischen Wirkung entbehrt? Oder wäre der
Moralprediger, der das Närrische pathetisch als ein Teuflisches zeichnet,
ein Humorist? Andererseits, ist es nicht möglich, das Vernünftige
humoristisch aufzufassen? Die Definition Spielhagens setzt denn doch
voraus, daß in der Welt Närrisches und Vernünftiges zu unterscheiden wäre. Was wäre also vernünftiger als die Idee Gottes,
als eines Inbegriffs aller Vernunft? Und selbst diese Idee, ist sie
nicht humoristisch aufzufassen? In diesen Fragen liegt alles. Für
den Humor gibt es eben in der Welt weder ein Närrisches noch ein
Vernünftiges, weder ein Gutes noch ein Böses, er ist, wie Spielhagen selbst richtig empfindet, ein Gegensatz zur Religion, zum
Idealismus als Weltbetrachtung. Während der letztere alle Dinge
darauf ansieht, ob sie gut, schön und echt sind, und seine Grund-
züge deshalb die Ehrfurcht vor dem Vollkommenen, der Abscheu vor
dem Niedrigen und Unreinen sind (ich spreche nur von dem wahren
Idealismus, der in den Kern des Lebens bringt und weniger die
Buhle als den Pharisäer unrein findet), gibt es für den Humor
kein Hohes und Niedriges, kein Gutes und Böses, sondern nur ein

Wirkliches, das der Theilnahme werth ist. Der Idealismus sucht mit Vorliebe das Hohe, das Gewaltige, der Humor das Kleine, Unbedeutende und wenn er auch mit jenen den Glauben theilt, daß auch im Gemeinsten noch ein Kern des Göttlichen stecke, so freut er sich doch auch, selbst am Edelsten die Schwächen, die Spuren des Gewöhnlichen zu entdecken. Die Hauptsache ist, den Humoristen bringt nichts aus seinem Gleichgewicht, seiner ruhigen, freundlichen Stimmung; um darin aber bleiben zu können, sucht er gern das Lächerliche auf und behagt ihm das Komische. Ebensowenig wie der Idealismus ist der Humor auf die Kunst beschränkt, beides sind Grundstimmungen und Weltanschauungen, die alles Menschliche beseelen; in ihrer Natur aber liegt es, sobald sie mit der Kunst in Verbindung treten, daß der idealistische Künstler pathetisch, der humoristische leidenschaftslos stilisirt. Ebendeswegen habe ich den Humor, mit Bezug auf die Kunst, die auf die Spitze getriebene Objektivität genannt und ebendeswegen hat er für den Roman die höchste Bedeutung. Nur der humorerfüllte Romandichter vermag ein reines Weltbild zu geben, und wenn er es selbst wie Cervantes unter der Verhüllung der Narrheit gibt, dem pathetischen wird auch wider Willen stets von Neuem die Tendenz unter den Händen in sein Werk einschlüpfen. Um so schlimmer freilich für den humoristischen Dichter, wenn er, der Vertreter der reinsten innerlichen Objektivität, der Objektivität der Anschauung, die äußerliche, die Objektivität des Stiles (auch Spielhagen unterscheidet zwei Objektivitäten in ähnlichem Sinne) verletzt, wenn er sein Subjekt in den Vordergrund schiebt, statt des Objektes, der Welt, wenn der Künstler in ihm nicht mächtig genug ist, die Fülle der Gesichte rein zu gestalten.

Mit seiner schiefen Auffassung des Humors steht Spielhagens Ansicht über die Tendenz im Romane in engem Zusammenhang. Deutlich spricht er es aus, daß der Dichter freilich nicht im schlechten Sinne tendenziös sein d. h. seine privaten Meinungen leidenschaftlich erregt verfechten dürfe, wol aber im guten Sinne. „Er muß immer, weil er gar nicht anders kann, auf einem bestimmten Standpunkte stehen. Und wohl ihm und wohl seinen Lesern, je fester er auf diesem Standpunkte steht und freilich auch, je höher dieser Standpunkt ist." Wenn dieser sehr unbestimmte Satz vom bestimmten Standpunkt nichts anderes sagen soll, als daß des Dichters Phantasie von einer Höhe, welche den umfassendsten Weit- und Tiefblick in die Welt gewährt, herniederschauen soll, so ist nichts selbstverständlicher. Jenes „und freilich auch" jedoch macht mich stutzig. Die Höhe des Standpunktes kommt für Spielhagen erst in zweiter Linie in Betracht und auch das Wort „bestimmt" deutet darauf hin, daß Spielhagen die epische Objektivität mehr für den Stil, als für die Anschauung verlangt. Jeder Dichter ist nicht allein Dichter, sondern auch Mensch, und nicht nur als solcher wird er die Weltanschauung, die ihn beseelt, zum Ausdruck bringen, sondern auch als Lyriker, Dramatiker oder Epiker. Aber eine Weltanschauung, eine ideale, eine pessimistische, eine humoristische ist für den Dichter nur ein Licht, in welchem seine Phantasie die Dinge sieht, sie ist unmöglich ein bestimmter Standpunkt. Auf einem solchen befinde ich mich nur dann, wenn ich das Gefühl, das ich der Allgemeinheit entgegentrage, in ein Urtheil dem Einzelnen gegenüber verwandle, wenn ich aus meiner Weltanschauung heraus sage, diese Sache ist ihr zuwider, jene verträgt sich mit ihr, jene ist ihr gleichgültig, diese wirkt begeisternd. Mit einem Worte, jeder bestimmte Standpunkt macht parteiisch, und wäre es im besten Sinne. Jede Parteilichkeit aber führt zu einer Verletzung der reinen ästhetischen Wirkung, da sie den Genießenden bei Empfindungen packt, welche außerhalb des Aesthetischen liegen, und diese Verletzung ist um so empfindlicher, je weiter sich das Für und Wider differenzirt. Ich will hier nicht untersuchen, ob der lyrische und dramatische Dichter seine Menschlichkeit, seine Parteilichkeit in die Dichtung hinüberspielen darf, der Epiker soll es nicht. Er soll ein Weltbild schaffen, wie Gott die Welt geschaffen, die Welt wie sie ist, mit allen Meinungen und allen Kämpfen, in ihrer Größe wie in ihren Schwächen, und er soll nichts hinzuthun als seine Phantasie, die alle Dinge so klar wie möglich sieht und seine Gestaltungskraft, die sie gruppirt, gruppirt und nichts mehr. Das Mehr ist des Dramatikers Sache. Wie in der Welt selbst, so liegen freilich auch im epischen Gedichte Ideen verborgen, aber Ideen sind keine Tendenzen; welche Tendenzen hatte denn Homer, hatte Cervantes! Daß wir Tausenderlei in ihre Dichtungen hineinlegen können, der eine diese, der andere die gerade entgegengefeßten, zeugt eben dafür, wie tendenzlos fie gefchaffen. Nur an ihrer Geftaltungskraft erfreuen wir uns, wie wir uns an einer Landfchaft Ruysdaels erfreuen, in welcher alle Einzelheiten durchaus der Natur entnommen find und die doch einen beftimmten Eindruck hinterläßt, weil die Seele des Meifters aus ihr fpricht. Tendenzlos verfährt der Dichter, wenn er, was Spielhagen nicht bloß als zuläffig, fondern als nothwendig erachtet, feine „fubjektive Auffaffung" der Gefchehniffe, die er erzählt, zur Geltung bringt; wenn er den Gefchehniffen andere Theilnahme beweift, als die rein dichterifche des Geftaltens, wenn fein Werk noch anderes foll, als ein Spiegel fein, ein Abbruck deffen, was er fieht. Durch jedes Weitere wird die Wirkung gefchädigt und nicht erhöht, und die Meinung der Dichterlinge, daß fie einen tieferen Eindruck auf ihre Zeitgenoffen erzielen, wenn fie ihnen ihre fubjektive Auffaffung mög- lichft klar zu verftehen geben, wird auf jeder Seite der Literatur- gefchichte widerlegt. Der objektive Romandichter fagt: horcht auf, ich will euch erzählen von diefer Zeit, von den Menfchen, ihrem Thun und Treiben, das ich gefehen, der Tendenzdichter dagegen: ich will euch zeigen, wie ich eure Zeit gefehen, wie verderbt die Menfchen find, wohin ihr Treiben führt. Nur jener fchafft, wie es der Epiker foll, göttlich objektiv, diefer ift und wäre es im beften Sinne des Wortes Diraktiker. Jenem folgen wir deshalb, wohin er uns führt, diefer muß jeden Augenblick gewärtig fein, daß wir des Schulmeifters müde werden und unfere eigenen Wege gehen. Daß aber jene göttliche Objektivität, welche allein das Höchfte, Ewig- wirkende fchafft, kein unerreichbares Ziel bildet, dafür zeugt die Ilias; wo ift dort etwas zu fpüren von Parteilichkeit, fubjektiver Auffaffung, Abfichtlichkeit, um es kurz zu fagen, wo ift da Homer, der Menfch? Nur der Dichter ift zu erkennen, nicht der Menfch. Und wenn ich ein neueres Werk nennen foll, fo weife ich hin auf den David Copperfield, das Dickens'fche Hauptwerk, das wol der Größe, aber nicht der poetifchen Echtheit entbehrt. Unecht aber, vergoldet und nicht Gold, ift alle didaktifche Epik.

* * *

Ich habe damit das Wort gesagt, das den Spielhagen'schen
Roman, das die Masse aller unserer Romane charakterisirt, sie bilden
nicht mehr Erzählungen, sondern Gemengsel von Epik und Didaktik
in allen möglichen Mischungsverhältnissen. Ein wenig Fabel und
viel Moral und der Unterschied zwischen den Talenten und ihren
Nachtretern ist nur der, daß jene die Moral künstlicher verstecken
oder einkleiden, als diese. Fast alle anderen Fehler entsprießen aus
dieser Verirrung, wie Blätter aus einem Stamm. Allerdings soll
der Dichter ein Lehrer der Menschheit sein, aber das heißt nichts
anderes, als daß die Menschheit Seelennahrung in seinen Werken
finden soll, das heißt aber in keinem Falle lehrhaft sein. Auch die
Natur soll uns Lehrer sein, weil wir an ihrer Größe uns erheben,
in ihrer Schönheit uns verklären, weil in ihr Alles liegt, was unser
Geist zur Anregung bedarf. Und nur in diesem Sinne hat das
Wort auch für den Dichter Gültigkeit. Wir werden aus jeder seiner
Dichtungen Ideen entnehmen können, aus jeder wird uns eine besondere Grundstimmung entgegenwehen, aber bei alledem verfährt
nicht der Dichter didaktisch, sondern wir. Es ist leicht möglich,
daß ein verbohrter Pädagoge in der Ilias eine Ausführung des
Gedankens sieht, Einigkeit macht stark oder Zwietracht ist die Mutter
der Niederlage, und gewiß, dieser Gedanke läßt sich auch herauslesen.
Aber ebenso gut läßt er sich finden in einem Walde, der dem Sturme
widersteht, während die Stämme vereinzelt zusammenbrechen würden.
Wer aber wird deshalb sagen, daß der Wald nur blüht, daß
die Ilias gedichtet ist, um jenen Gedanken zu verkörpern. Wol
aber ist es lehrhaft, wenn Spielhagen einen Roman „In Reih und
Glied" betitelt und einen Helden, eine Handlung construirt, welche
in allen Gliedern, allen Phasen den Gedanken zum Ausdruck bringen,
daß der heutige Mensch in Reih und Glied kämpfen muß, falls er
das Wohl des Allgemeinen fördern will, daß er zu Grunde gehen
muß, wenn er sich allein stellt. Eine solche Lehrhaftigkeit reizt sofort
zum Widerspruch, sie zwingt den Dichter, alle Aufmerksamkeit darauf
zu wenden, daß seine Erzählung gehörig jenen Gedanken erweist und
sie zwingt den Leser nachzusinnen, ob der Beweis geführt ist. Dieser
Widerspruch aber, dieser Zwang ist mit dem wahren ästhetischen
Genusse unvereinbar, denn der Leser soll sich der Dichtung gegen-

über fühlen wie der Natur, er muß Gedanken hineinlegen können,
aber sie müssen ihm nicht aufgedrängt werden. Irgendwo in seinen
Schriften gesteht Spielhagen, daß ihm den Titel „In Reih und
Glied" Berthold Auerbach eingeblasen' hat, und es ist bezeichnend
für ihn, daß er in Auerbach ein Ideal des Epikers, einen echten
Homeriden erblickt. Und gerade Auerbach ist ein Didaktiker vom
Scheitel bis zur Sohle, es steckt immer auch in seinen besten
Schöpfungen der Kalenderschreiber in ihm, der seine Leser als
Kinder betrachtet, denen er kein Wort sagen kann, ohne mit dem
Finger darauf hinzuweisen, daß in dem Worte noch mehr steckt,
als es eigentlich besagt. Ein trefflicher, lebhafter Schriftsteller, gewiß,
ein Mann, der eine reiche Saat von Gedanken und Gleichnissen
ausgestreut hat, ein Mann, der die Menschen wie die Natur gleich
liebte und kannte, aber nicht selbst eine Natur, die zwecklos, morallos
schafft, und deshalb kein großer Dichter. Nicht einmal ein großer
Erzähler, denn nur ein Dichter kann das sein, wol aber ein packender
Plauderer, der mit dem Leser ein ständiges Gespräch führt, ein
Gespräch, das naturgemäß vom Hundertsten ins Tausendste schweifen
und alles aufnehmen darf, was gerade die Seele des Sprechenden
berührt. Und weil er eben ein Plauderer ist, kommt es ihm nicht
darauf an, eine Erzählung durch die Weitschweifigkeiten von Collo-
boratorseelen in lauter Stücke zu zerreißen oder sie gemüthlich zu
unterbrechen durch eine Anweisung, wie einer dem anderen Feuer
zur Cigarre bieten soll. Und weil er lehrhaft ist in jedem Zuge,
so sind seine Individuen fast immer Typen, aus deren Geschick er
irgend eine treffliche Moral erweisen will, von der Lorle bis zum
Landolin.

Es hätte daher Spielhagen stutzig machen sollen, daß der Didaktiker Auerbach einen so unbedingt lehrhaften Satz, wie ihn der
Titel „In Reih und Glied" enthält, seinem Romane entnehmen
konnte, nicht als einen Gedanken, der auch darin enthalten, sondern
auf den das Werk hinausläuft, aber Spielhagen erblickte vielleicht
gerade darin die Stärke seiner Schöpfung, daß sie in einer so klaren,
seiner „subjektiven Auffassung" der Zeit so scharf entsprechenden
Moral wie ein Exempel ohne Rest aufgehe. Ich will im Einzelnen
andeuten, wie weit jene Didaxis geht, wie sie in allen größeren

Schöpfungen Spielhagens zu Tage tritt. Daß er mir den Beweis so leicht wie eben möglich macht, daß er die Didaxis so ganz und gar nicht verbirgt, ist um so schlimmer für ihn, weil auf diese Weise die Mängel seiner Schaffensmethode um so deutlicher in's Auge springen. Es überkommt mich diesen Mängeln gegenüber eine wehmüthige Empfindung. Wie kurze Zeit ist es her, daß ich in Spielhagen das Ideal erblickte nicht nur eines edlen bedeutenden Schriftstellers, das ist er mir auch noch heute, sondern auch eines großen modernen Dichters. So lange ich nicht anders als mit jugendlicher Begeisterung zu ihm aufschaute, schien er mir die Sehnsucht zu erfüllen nach einem Dichter, der nicht abseits steht vom Wege der Zeit und voll Abneigung gegen sein Geschlecht sich in Probleme vertieft, welche uns fremd anmuthen wie ein indisches Götterbild, sondern der als ein Führer vorangeht. Damals bedachte ich noch nicht, daß ein Dichter nur dann ein Führer der Menschheit ist, wenn er die ihm verliehene Waffe, die dichterische Begabung, rein und blank erhält, wenn er sie nicht mit Spitzen versieht, die fremden Rüstkammern entnommen sind, wenn er nur als Dichter, nicht als Moralist, nicht als Pamphletist wirkt und schafft. Nur durch die Dichtkunst, die reine, unverfälschte kann er siegen, jede Zuthat macht ihn kleiner, vermindert seine Wirkung, jede Zuthat macht sein Werk zu einem Lämpchen, das ein Zimmer erhellt, während es ein Stern sein sollte, der durch die Zeiten leuchtet. Je mehr ich mich in die Meister der Kunst vertiefte, je mehr sich meine Anschauungen klärten, desto unbehaglicher wurde mir, wenn ich einen Roman Spielhagens las, desto mehr reizte er mich zum Widerspruch, desto tiefer fühlte ich, daß Spielhagen mir noch als etwas Anderes entgegentrat, denn als Dichter. Er schilderte mir nicht die Zeit wie ein großer Historiker die Vergangenheit, indem er die Thatsachen, die volle Wirklichkeit reden läßt, sondern wie ein mittelmäßiger Historiker, der seine vorgefaßten Meinungen aus den Thatsachen heraus zu construiren sucht und bei Gelegenheit die Thatsachen, die ihm nicht passen, übersieht. Er erzählte mir nicht ein Menschenleben, einfach wie er es gesehen, sondern um an diesem Menschenleben einen bestimmten Gedanken zu erweisen, statt das Leben einfach zu gestalten, wollte er es mich verstehen lernen und je kräftiger meine eigenen Ansichten wurden,

desto verstimmter wurde ich über den, der mir die seinen aufzudrängen suchte. Später las ich die Romane Spielhagens in einem
Familienkreise vor und fand meine Erfahrung bestätigt, daß das
Falsche auch dem unkritischen Leser offenkundig wird, sobald er nicht
das bloß Stoffliche aus der Dichtung herausklauben kann, sondern
genöthigt ist, das Ganze in sich aufzunehmen.

Ich habe gesagt, daß Spielhagen die Didaxis gar nicht zu ver-
bergen sucht, sondern seine Morallehren, natürlich nicht selbst, sondern durch den Mund seiner Personen offen vorträgt. Einzelne
Beispiele mögen das belegen. Die Tendenz des Romans „In Reih
und Glied" wird von dem braven Walter in liebenswürdiger Weise
wie folgt zum Ausdruck gebracht: „Wenn nicht alle Zeichen trügen,
so ist die Zeit des Heroenthums vorüber — vorüber die Zeit, wo
die Helden auf ihren Streitwagen das Blachfeld durchdonnerten und
die kopf- und herzlose Heerde schreiend, thatenlos hinterdrein zog.
Wohl mag es der groß angelegten Natur schwer werden, sich zu
beugen unter das allgemeine Gesetz, schwer, von dem Irrthume zurück-
zukommen, daß sie allein schon ein Ganzes sei. Und doch ist es ein
Irrthum. Das Feldgeschrei heißt jetzt nicht mehr: Einer für Alle,
sondern: Alle für Alle. Das ist der große demokratische Gedanke,
der freilich schon mit der Menschheit geboren wurde, aber doch erst
mit dem Christenthum die rechte Weihe empfing, der dann scheinbar
wieder verloren ging, bis er in unseren Tagen aus der Asche des
Mittelalters, wie ein Phönix verjüngt, sich erhoben hat, um nun
nie und nie wieder verloren zu gehen..... Keiner soll jetzt mehr
tragen, als er tragen kann; kein Heiland unter der Kreuzeslast zusammenbrechen, kein Dezius Mus den Speer weit hinein in die
Feinde schleudern, und so, indem er seinem kühnen Ziele nachjagt,
den Heldentod finden. Nein, nein, Leo, und abermals nein! Wir
wissen jetzt, daß alle Länder gute Menschen tragen und diese guten
Menschen bilden eine einzige große Armee; der Einzelne ist nichts
weiter, als ein Soldat in Reih und Glied. Rechts und links Fühlung
zu behalten und im Takt zu marschiren, und wenn zur Attaque
commandirt (! es steht also doch der und jener außer Glied, der
Commandirende nämlich) wird, aus voller Brust Hurrah zu schreien
und sich mit voller Gewalt auf den Feind zu werfen — das ist seine

Ehre, denn darin liegt seine Kraft. Als Einzelner ist er nichts —
als Glied des Ganzen unwiderstehlich; den Einzelnen streckt eine
Kugel in den Staub, aber die Reihe schließt sich über ihm, und die
Colonne ist, wie sie war. Sieh, Leo, das ist die Macht der Disciplin,
der Keiner, er sei wer er sei, sich zu entziehen das Recht hat; denn,
sei er noch so stark, — in Reih und Glied ist er stärker, und sei
er noch so schwach, — in Reih und Glied füllt er doch noch seine
Stelle aus."

Es wird mir Jemand einwerfen, in diesen Worten gebe der
Dichter durchaus keine Moral, sondern nur die Anschauung einer
seiner Personen, da er sie ja auf der folgenden Seite bereits durch
die Worte einer anderen Person widerlegen lasse. Als ob es darauf
ankäme! Die Hauptsache ist, daß Spielhagen, wie er auch durch
den Titel andeutet, nicht etwa bloß den Kampf von Gegensätzen
schildert, sondern durch seine Charakteristik, durch die Entwicklung
der Handlung und durch den Ausgang, den er ihr gibt, sich ganz
auf die eine Seite stellt, daß er eine Ansicht, die er als Mensch so
oft vertreten mag, wie er will, auch als Dichter zu der seinigen
macht und von ihrer Richtigkeit den Leser zu überzeugen sucht. Wer
den Roman zum ersten Male liest, wird sich an den Einzelheiten der
Erzählung freuen, da er die Ueberrumpelung, die bezweckt wird, erst
gegen Ende merkt, wenn er bereits gefangen ist, wer aber zum
zweiten Male sich daran macht, erkennt, daß jede Einzelheit berechnet
ist, die Entwicklung dahin zu führen, wohin der Moralist Spielhagen will. Und wenn ich nun aus der Geschichte und aus der
Erfahrung heraus die Ansicht gewonnen habe, daß sowol die Bedeutung der Masse wie die des Genies zu allen Zeiten dieselbe war
wie heute, daß das Genie auch heute noch das Beste der Allgemeinheit nur zu oft im Kampfe mit der Allgemeinheit erreicht, nun, dann
werden mich all die schönen Einzelheiten nicht mehr erfreuen, sondern
verdrießen, geradeso wie die kunstvollsten Ausführungen einer mathe-
matischen Aufgabe, sobald ich gefunden, daß das Resultat ein falsches
ist. Die echte Dichtung erquickt, je öfter man sich in sie vertieft,
um so reiner, die didaktische aber bedarf eines oberflächlichen Lesers,
wenn ihre ästhetische Wirkung nicht abgeschwächt werden soll.

Die Aufgabe, die in Reih und Glied Walter Gutmann zu er-

füllen hat, fällt in Hammer und Amboß dem in einen Zuchthausdirektor verkleideten Engel Herrn von Zehren, dieser Verkörperung
des absolut Edlen, zu. Die Moral dieses Romanes formulirt der
Herrliche in einer endlosen Rede über das Recht, in der sich der
Diraktiker Spielhagen wieder einmal voll ausgibt, dahin: „Ueberall
die bange Wahl, ob wir Hammer sein wollen oder Amboß. Was
man uns lehrt, was wir erfahren, was wir um uns her sehen, —
Alles scheint zu beweisen, daß es kein Drittes gibt. Und doch ist
eine tiefere Verkennung des wahren Verhältnisses nicht denkbar und
doch gibt es nicht nur ein Drittes, sondern es gibt dieses Dritte
einzig und allein, oder vielmehr dieses scheinbar Dritte ist das
wirklich Einzige, das Urverhältniß sowohl in der Natur als im
Menschendasein, das ja auch nur ein Stück Natur ist. Nicht Hammer
oder Amboß — Hammer und Amboß muß es heißen, denn jedwedes
Ding und jeder Mensch in jedem Augenblicke ist Beides zu gleicher
Zeit. Mit derselben Kraft, mit welcher der Hammer den Amboß
schlägt, schlägt der Amboß wieder den Hammer . . . . Welcher
natürliche Mensch möchte nicht lieber Hammer als Amboß sein, so
lange er glaubt, die freie Wahl zwischen beiden zu haben? Aber
welcher vernünftige Mensch wird nicht gern darauf verzichten, nur
Hammer und Amboß sein zu wollen, nachdem er erkannt hat, daß
ihm das Amboß-Sein nicht erspart wird, nicht erspart werden kann,
daß jeder Streich, den er gibt, auch seine Backe trifft, daß wie der
Herr den Sclaven, so der Sclave den Herren corrumpirt, und daß
in politischen Dingen der Vormund zugleich mit dem Bevormundeten
verdummt". Gewiß, eine liebenswerthe Meinung, eine Meinung,
die auszudrücken auch in einem Romane gewiß der Platz ist, aber
wer, um sie zu erweisen, einen Roman schreibt, der in seinem Titel
von vornherein ausposaunt, was der Verfasser beabsichtigt, der geht
nicht dichterisch, der geht didaktisch vor. In einem Romane heißt
nicht durch einen Roman. Die Rede des Direktors Zehren erweist
aber auch noch in andrer Hinsicht, wie sehr der Dichter in Spielhagen durch den Lehrer behindert wird. Dieselbe enthält nämlich
neben vielen andren Bemerkungen über die Weltordnung auch eine
scharfe Philippika gegen die heutige Einrichtung, gegen das Wesen
der und das Leben in den Zucht- und Arbeitshäusern. Wäre Spiel-

hagen ein echter Dichter, so hätte er uns die achtseitige Abhandlung erspart und uns in die Zuchthäuser selbst eintreten lassen, er hätte unsre Phantasie mit einem Bild erfüllt, aus dem unser Verstand ganz von selbst die Gedanken entnommen hätte, die wir jetzt vom Dichter direkt geliefert erhalten. Wie Spielhagen verfährt der Rhetoriker, der Prediger, wie bloß ist aber auch die Wirkung, die jene nackten Sätze erzielen und wie mächtig würde sie sein, wenn wir statt ihrer lebendig das Elend eines Zuchthauses mitempfinden könnten. Aber Spielhagen verfährt sich noch weit schlimmer. Er hebt die geringe Wirkung seiner Predigt nicht durch ein Bild von gleichem Kolorit, sondern er hebt sie vollständig auf, indem das Bild, das er uns zeigt, das Entgegengesetzte sagt. Es kommt nämlich in der That ein Zuchthaus in dem Romane zum Vorschein, das Zuchthaus, in welchem der Herr Direktor seine Rede zum Besten gibt, aber dieses Zuchthaus ist geradezu ein Gegensatz zu dem, was uns der Direktor von solchen Häusern im allgemeinen erzählt, es ist eine Stätte der Humanität, das Leben in ihm ist fast ein paradiesisches Idyll. Wem soll der arme Leser nun glauben, dem Prediger oder dem Dichter?

Das Vehikel, das Spielhagen vor allem gern benutzt, um die Moral seiner Romane an den Mann zu bringen, ist die Leichenpredigt. Er hat eine wahre Angst, die Tendenz seiner Romane, die gute Lehre könne mißverstanden werden und so gibt er sie nicht nur implicite im Titel, sondern explicite auch als Schluß. Aus den Titeln allein ließe sich die didaktische Grundrichtung des Spielhagen'schen Schaffens erweisen, sie deuten in ihrer Mehrzahl klar darauf hin, daß Spielhagen weniger ein Bild der Wirklichkeit, ein möglichst umfassendes Bild zu geben sucht, als vielmehr die Fabel zu einer Moral; Menschen und Dinge haben ihm nicht als solche Werth, nicht in sich selbst Bedeutung, sondern nur als Ziffern einer Aufgabe, als Zeugnisse für die Erhabenheit seines „bestimmten Standpunktes". Heliodor, der Verfasser des ersten wahren Romans, als eines Erzeugnisses der Phantasie, betitelte sein Werk „Aethiopische Geschichten", Mendoza seine Schelmengeschichte, die Wurzel des modernen Romans, „Lazarillo de Tormes", Cervantes den Roman aller Romane „Leben und Thaten des sinnreichen Junkers Don

Quijote aus der Mancha", Fielding nannte sein Hauptwerk „Tom Jones oder die Geschichte eines Findlings", Dickens das Buch seines Lebens „David Copperfields des Jünglings Leben und Abenteuer", Grimmelshausen das seine „Abenteuerlicher Simplizius Simplizissimus" und Goethe wußte gleichfalls keinen besseren Titel als die einfache Namensangabe seines Helden „Wilhelm Meister". In all diesen Titeln spiegelt sich das Bestreben der Dichter ab, das umfassende Lebensbild eines Menschen zu geben, und in diesem Lebensbilde ganz von selbst das Bild der Zeit, nichts mehr und nichts weniger. Und weil sie nur erzählen wollen, nicht lehren, gerade deßhalb sind sie so lehrreich wie das Leben selbst. Wie aber nennt Spielhagen seine Romane? „Problematische Naturen", um den Leser sofort mit einem kräftigen Stoß auf den „bestimmten Standpunkt" des Verfassers hinzutreiben, von dem aus die Zeit als eine Brutzeit problematischer Naturen erscheint, oder „In Reih' und Glied" oder „Hammer und Amboß" oder „Allzeit voran", lauter Titel, die ebenso gut eine Broschüre zieren könnten wie einen Roman. Selbst solche einfache Bezeichnungen wie „Sturmfluth" oder „Die von Hohenstein", hinter denen nichts zu suchen wäre, rührten sie von einem andren her, sind für Denjenigen, der Spielhagen kennt, deutliche Hinweise auf irgend eine Tendenz. Noch klarer jedoch sprechen die Leichenpredigten, diese Spezialität der Spielhagen'schen Muse, für die Lehrhaftigkeit, klarer trotz oder gerade wegen ihres Schwulstes. Mit solchen Leichenpredigten schließen u. a. die „Problematischen Naturen" in ihrem zweiten Theile, „In Reih' und Glied" und „Sturmfluth"; nur die des erst- und letztgenannten Werkes will ich anführen, sie sollen mir noch späterhin als Beweise dienen, für die Phrasenschwelgerei des Autors nämlich.

Zum Ende der Problematischen Naturen heißt es „Und Einer aus dem Volke, ein langer schwarzbärtiger Mann, erhebt seine Stimme und spricht:

„Für wen beten wir, liebe Brüder?

Für die Todten?

Sie bedürfen der frommen Wünsche nicht in ihrer kühlen Grabesruhe, in ihrem ewigen Schlaf.

Aber wir die Lebenden!

Uns ist nicht das schlechtere, doch das schwerere Loos gefallen Wir sollen wirken und schaffen in dem heißen Staub der Alltäglichkeit, rastlos, ruhelos, denn nimmer schläft die Thrannei. Wir sollen arbeiten und schaffen, daß die Nacht nicht wieder hereinbreche, in welcher es dem Braven unheimlich und dem Schlechten heimlich war; die Nacht, durch deren dunkle Schatten so viele romantische Larven und phantastische Gespenster huschten, die Nacht, die so arm war an gesunden Menschen und so reich an problematischen Naturen, die lange schmachvolle Nacht, aus welcher nur der Donnersturm der Revolution durch blutige Morgenröthe hinüberführt zur Freiheit und zum Licht".

Ich frage nur das Eine: Ist das der Abschluß einer Dichtung oder eines Pamphlets?

Ganz ähnlich schließt die „Sturmfluth". Onkel Ernst tritt an das Grab, wohlgemerkt, seiner Tochter und ideell genommen auch seines Sohnes, und trieft dann über von folgenden schöngerundeten Sätzen:

„Dies hier — es mußte sein, es mußte sein!

Es mußte sein, weil wir so arg, so ganz vergessen hatten der Liebe; weil wir dahingelebt lange, liebeleere Jahre in öder Selbstsucht, übertäubend den sehnenden Schrei unsrer Herzen mit der tönenden Schelle unsrer Afterweisheit, rastlos kämpfend den schnöden Kampf um Mein und Dein, den wilden wüsten Kampf, keinen Pardon gebend u. s. w. Aber wir werden uns wiederlieben, deß sei du beschworen, hehres Gestirn des Himmels und du heiliges Meer u. s. w." Ich frage wiederum: Wer vermag diesen Schluß zu lesen und zu glauben, daß damit ein Werk ende, welches nichts anderes biete, als eine getreue, dichterische Wiedergabe einer Zeitepoche, wer fühlt nicht, daß eine solche direkte Nutzanwendung nur einem Werke entsprießen kann, welches eine bestimmte politische Moral aufzeigen will, oder der Schluß wäre nicht organisch entsprossen, sondern bloß aufgeleimt. Letzteres könnte angenommen werden, wenn dieser Schluß einen vereinzelten Fall bildete, aber wenn jeder Roman eines Schriftstellers, wie ich es Spielhagen gegenüber erwiesen habe, in einer derartigen Nutzanwendung wurzelt oder gipfelt, so wird es nur Einer, der blind sein will, bezweifeln, daß die Dibaxis eine

Lebensader des Schriftstellers bildet. Spielhagen sieht das Leben nicht, wie es ist, sondern er sucht aus demselben heraus, was sein könnte und sein sollte, die Wirklichkeit gibt ihm Anregungen, nicht mehr, er vertieft sich nicht in die Wirklichkeit, sondern operirt mit ihr, er schafft nicht, sondern construirt. Es ist das rechte Zeichen der Lehrhaftigkeit, daß sie dem Leser oder Hörer möglichst wenig zum eigenen Sinnen überläßt und ihm alle Resultate wie auf einer Schüssel gar und reif präsentirt. Der Schriftsteller Spielhagen zeigt auch in diesem Punkte, wie wenig er Dichter ist. Es ist gewiß eine Thätigkeit reiner, dichterischer Phantasie, die Sturmfluth der Ostsee und die Sturmfluth des Krachs in Verbindung zu bringen, sie verknüpft zu einem Ganzen zu schauen, aber der echte Dichter wird diese Verbindung einfach als ein Geschehenes darstellen, darstellen, wie sie in der Wirklichkeit vorhanden war und den Leser den Zusammenhang errathen lassen. Er wird dem Leser nicht vor den Kopf sagen: so hab' ich die Sache angeschaut und so sollst du sie auch ansehen, sondern allein seine Darstellung muß genügen, in dem Leser denselben Phantasieprozeß hervorzurufen, dieselbe Anschauung, die den Dichter beseelte. Dem Didaktiker Spielhagen aber ist der Leser nicht ein Empfänger, den es bloß anzuregen gilt, anzuregen zum geistigen Mitschaffen, sondern ein Schüler, dem er nichts zutraut, dem alles so deutlich zu machen ist wie eben möglich. Gleich zu Anfang der „Sturmfluth“ entwickelt er daher in den Gegenreden Reinhold Schmidt's und des Präsidenten den Gedanken, auf dem sein Roman beruht, daß zwei Sturmfluthen dem neuen Reiche drohen, und er schildert dann diese Sturmfluthen genau so wie sie im Verlaufe des Romans zur Erscheinung kommen. Das Bild also, welches aus der Lektüre des Ganzen hervorsteigen soll, bekommt der Leser zunächst in einer Skizze in die Hand gedrückt, es genügt Spielhagen nicht, einen Bau aufzuführen, er klebt zum besseren Verständniß den Grundriß an die Mauer. Wie auf diese Weise die Wirkung einer Kunstschöpfung gemindert wird, will ich an einem Beispiel klar legen. Welche Ideen, Gedanken, Anschauungen hat man nicht schon aus dem Don Quijote herausgelesen, welche Allegorien, wie viel Symbolisches in ihm vermuthet. Das Größte und Kleinste, das Höchste und Niedrigste, das Tiefste wie das Erhabenste hat man

hineingelegt, jeder nach seinem Geiste, nach seiner Kraft. Den Sieg
der Neuzeit über das Mittelalter, den Kampf des Modernen mit
dem Scholastischen, des Bürgerthums mit dem Ritterthum, des Idealen mit dem Realen, des Glaubens mit dem Zweifel, Axiome wie
„die ganze Welt ist ein Narrenhaus" oder „der Narr allein sieht
recht". Alles das hat der und jener in dem Buche gefunden und
ein andrer hat nichts gefunden, sondern nur gelacht. Aber steht
von alledem ein einziges Wort in dem Buche? Hat Cervantes eine
andere Absicht verrathen, als den wirren Phantasiegebilden des Ritter-
romans einen Roman des wirklichen Lebens entgegenzustellen und
hat er etwas anderes gethan, als dieses wirkliche Leben so reich wie
möglich wiedergegeben? Aber gerade weil er wie die Natur schaffte,
hat er auch die Wirkung der Natur erreicht, jedem bietet er etwas,
dem einen die höchste Gedankenanregung, dem andern ein frohes
Behagen. Das ist der Segen reiner Dichtung. Dagegen halte man
den Eindruck, den ein Werk Spielhagens hervorbringt. Wer liest
aus ihm mehr heraus, als er selbst hineingelegt hat, als er selbst
seinen Anweisungen nach gelesen haben will? Wen gelüstet es, der
klaren Bestimmtheit seiner Figuren, seiner vorgetragenen Anschauungen gegenüber verborgene Tiefen zu entdecken, und wer könnte es
auch! Spielhagens Wirkung ist freilich eine sehr bestimmte, aber
auch ebenso einseitige, beschränkte, oberflächliche. Das ist der Fluch
der Lehrhaftigkeit.

   * * *

  Das Didaktische ist übrigens eine Zugabe, welche an und für
sich das Aesthetische nicht tödtet, noch den Genuß erstickt, auch im
Epos nicht. In seiner höchsten Form, einer allgemeinen ethischen
Gesinnung, welche das Ganze einer epischen Schöpfung durchweht,
ohne im einzelnen sich aufzudrängen, hat es selten ein Dichter ganz
vermieden. Als Didaktiker in diesem Sinne tritt am deutlichsten Dante
hervor; seine Hölle ist ohne Zweifel eine Strafpredigt gegen die
Zeit des Dichters, aber sein Genie ist so gewaltig, seine Phantasie
schmilzt alle Gedanken und Anschauungen so sehr in Bilder glühen-
den Colorits zusammen, daß ein Ganzes entsteht, welches wirkt, un-
abhängig von der Absicht des Dichters und manchmal gegen die-

selbe. Der Dichter in Dante hat den Didaktiker besiegt. Dort
aber, wo es nicht geschehen, vermindert sich die Wirkung des Ge-
dichtes proportional mit der Vorherrschaft des Lehrhaften. Eine
Stufe tiefer steht die Didaxis, wie sie bei Goethe im Alter öfter
und öfter durchbrach, tiefer, weil sie bestimmter hervortritt. Und
wiederum in ganz offenbarem Verhältniß zur Wirkung seiner Dichtungen. Der Didaktiker Goethe wäre längst ein erloschener Stern,
wenn er nicht vom Dichter sein Licht erhielte; was wäre uns der
zweite Theil des Wilhelm Meister, wenn er nicht die Fortsetzung
des ersten bildete, was der zweite Theil des Faust, wenn er nicht
den ersten einigermaßen ergänzte! Diesem auch Didaktischen gilt
meine kritische Würdigung nicht, es bietet nichts als ein literar-
historisches Zeugniß, daß selbst das Genie nicht in jeder seiner
Schöpfungen auf gleicher Höhe steht, nicht immer im reinen Aether
schwebt, was ich bekämpfe, ist das stets Didaktische. Dieses Letztere
entsteht, wenn ein Individuum, um seinen Anschauungen über irgend
welche Fragen oder Angelegenheiten der Gegenwart oder Vergangenheit Ausdruck zu geben, sich der ästhetischen Form der Erzählung
bedient und diese Form für seine Zwecke zurecht schneidet. Ich sage
absichtlich nicht der Poesie, sondern der Erzählung, weil ich die Frage
offen halten will, ob nicht die Lyrik das Didaktische verträgt. Solche
epischen Didaktiker waren Pestalozzi und Rousseau, als dieser den
Emile, jener Lienhart und Gertrud schuf; sie nahmen nicht wie der
echte Dichter die Welt in ihre Phantasie, in ihre Stimmung auf,
um sie aus beiden heraus neu zu erzeugen, sondern sie benutzten
die Phantasie nur als Magd im Dienste des Verstandes, durch
dessen Brille sie die Welt erblickten. Hier trennt sich der Schriftsteller vom Dichter und ein Schriftsteller ist auch Spielhagen. Nur
daß er nicht wie jene großen Erzieher ein praktisches Ideal erstrebt,
eine große Einseitigkeit, aber auch Einheit bildet, sondern daß er
zwischen dem Dichterischen und Schriftstellerischen hin- und her-
schwankt und keines von beidem ihn ganz erfüllt.

Aus seinen eigenen Worten habe ich nachgewiesen, wie das
Lehrhafte die Hauptader seines Schaffens bildet, es liegt mir weiter-
hin ob, anzudeuten, wie die Didaxis an den einzelnen Seiten dieses
Schaffens hervorleuchtet, welchen Einfluß, welche Folgen sie hat.

Eigenschaft wie Folge des Didaktischen ist zunächst die Tendenz im engeren Sinne des Wortes. Im wesentlichen ist alle Didaxis zugleich Tendenz, denn der Didaktiker betrachtet die Dinge nur, um an ihnen etwas zu zeigen, die Menschen nur, um sie zu modeln, nur zu diesem Zwecke sind sie ihm betrachtenswerth. Tendenz im engeren Sinne ist aber mehr als bloßes Zweckerstreben und weniger als die Absicht, zu bilden; sie ist nach gewisser Seite hin die Vorstufe des Lehrhaften, indem sie an Menschen und Dingen das Trennende sucht, beide in Gruppen sondert und je nach Stimmung, Weltanschauung, Charakter des Betrachtenden parteilich die eine Gruppe bevorzugt, die andere von sich weist. Durch diese Wesensform tritt die Tendenz in einen vollen Gegensatz zum Dichterischen wie zum Aesthetischen überhaupt. Wenn allerdings das Aesthetische mit dem Schönen einfach gleich wäre, so beruhte auch die Kunst auf Tendenz, sie hätte das Schöne von dem Häßlichen zu sondern, aber die Geschichte der Kunst bezeugt, daß sie auf die Darstellung des Schönen nicht beschränkt ist. Wie die Philosophie auf ihrer höchsten Stufe den Nachweis zu führen hat, daß es ein Wahres und ein Unwahres gar nicht gibt, sondern daß alles ist, und eben als Seiendes des Erkennens werth erscheint, wie die Ethik den Beweis zu erbringen hat, daß es ein Gutes und Böses gar nicht gibt, sondern nur ein Zweckerfüllendes, ein dem großen Weltplan Dienendes, so hat auch die Kunst dafür Zeugniß abzulegen, daß ein Schönes und ein Häßliches als Formen des Seienden gar nicht vorhanden sind, sondern nur ein Reizendes, der genießenden Betrachtung Werthes. Dem nüchternen Auge erscheint eine Scene wie sie Dante's Hölle enthält „Ugolino zerbeißt das Hinterhaupt seines Feindes" einfach häßlich, unter den Händen des Dichters jedoch gewinnt sie eine Form, die den Betrachter zu dem Ausruf zwingt „Das Bild ist schauerlich schön". Diese Worte schauerlich schön besagen alles, sie drücken das Eingeständniß aus, daß das Häßliche verschwunden ist und an seine Stelle das Packende, Bedeutsame, Anregende getreten ist. Was aber von der Kunst im allgemeinen gilt, das gilt in noch höherem Grade von der Poesie. Diese tritt, indem sie sich der Sprache als Ausdrucksform bedient, aus den Bahnen des blos Aesthetischen heraus, sie umspannt auch das Ethische und das Theoretische und wenn vom philosophischen Ethiker das Wort gilt „wer alles versteht, verzeiht alles", so muß es vom Dichter heißen „ihn reizt alles, er fühlt alles mit und deshalb liebt er nicht und haßt er nicht, sondern er geb(l)ert alles in sich wieder". Ein schärferer Gegensatz, als dieser, zur Tendenz ist nicht denkbar.

Daß Spielhagen in seinen Romanen eine tendenziöse Richtung verfolgt, wird allgemein anerkannt; gleichwol tritt sie nicht ganz so offen zu Tage, wie in den Erzeugnissen des jungen Deutschlands. Spielhagen gibt sich Mühe, seine Tendenz dadurch zu verdecken, daß er die Bestrebungen, welche ihm die rechten zu sein dünken, nicht immer, nicht allein durch edle Charaktere vertreten läßt und daß er sie durch die Mittelgruppen, denen das Wort Partei ein leerer Schall ist, in den Vordergrund der Handlung bringt. Aber dieses Bemühen ist eben ein Bemühen und nicht das reine objektive Schaffen eines freien über den Dingen schwebenden Geistes und deshalb ist die Decke, welche Spielhagen benutzt, weder lang noch breit genug, die Tendenz guckt aller Enden hervor. Diese Thatsache läßt sich am besten klarlegen, wenn die Frage nach der Tendenz in eine Frage nach der Objektivität Spielhagens umgekehrt wird. Ist die Tendenz mit dem Dichterischen überhaupt kaum vereinbar, so ist sie es im besonderen nicht mit der epischen Poesie, die in der Objektivität wurzelt. Ein Mangel an epischer Objektivität wird daher stets aus einem Ueberschuß an Tendenz sich erklären lassen. Spielhagen scheint einen besonderen Werth darauf zu legen, daß er die äußere Objektivität, die des Stiles, immer in vollem Maße gewahrt habe, vielleicht weil er hofft, der Untersuchung nach der inneren dadurch entgehen zu können. Und wohl, es ist anzuerkennen, daß wenige unter den lebenden Erzählern so wie er darnach streben, die Handlung nicht durch ein Hineintreten des Erzählers, nicht durch unmittelbare Reflexionen des Verfassers zu stören, aber da er die innere Objektivität zu schroff verletzt und die Grenze zwischen beiden Objektivitäten an manchen Stellen eine haarscharfe ist, so vermag er auch den äußeren Schein nicht immer zu retten. Oder ist es nicht eine ungehörige Einmischung des Erzählers, wenn dieser, wie Spielhagen in der Sturmfluth den Fluß der Erzählung durch eine Tirade etwa

folgenden Inhalts unterbricht: „Auch durch die Straßen Berlins
wüthet der Sturm. Dort in dem neuen, prächtigen Hause feiert
man ein Fest. Du und ich, wir sind nicht eingeladen u. s. w."
Dieses du und ich leidet im Zusammenhang des Ganzen keine
andere Erklärung als „Leser und Erzähler". Oder ist es nicht eine
Einmischung, wie sie überraschender und deshalb störender nicht zu
denken ist, wenn Spielhagen in den Problematischen Naturen, wie
folgt, erzählt: „Das breite Platt der Gegend war die Mutter- und
Vatersprache des Inspektors Wrampe; das Hochdeutsche haßte er."
Und dieser Hochdeutsch hassende Inspektor spricht nun im reinsten
Hochdeutsch einen Knecht mit diesen Worten an: „Nun komm' ich,
sagte der Dachdecker und fiel vom Dach. Was ist denn das für
eine Wirthschaft! Warum fährst Du durch den Graben, wenn Du
zehn Schritt davon über die Brücke fahren kannst. Und die braune
Liese maltraitirt — er sagte aber maltraisirt — ich will Dir
Deine Faulheit eintränken." Dieses „er sagte aber", statt daß es
der Dichter den Mann wirklich sagen läßt, ist eine schlimmere Störung für den aufmerksamen Leser, als eine seitenlange Reflexion.
Was hat denn alle äußere Objektivität für einen tieferen Zweck!
Unmöglich einen anderen als die Wahrung der Illusion, als das
Streben, den Leser in der Täuschung festzuhalten, er blicke in wirkliche Natur, in wirkliches Leben hinein, und nicht in erdichtetes,
gleich dem Helden Lesage's, für den der Geist die Dächer von
den Häusern hob. Dieser Geist ist im modernen Roman der Erzähler selbst, er trägt uns in die Lüfte empor und hebt die Dächer
für uns ab; aber wir dürfen nur seine Thätigkeit und ihre Folgen
empfinden, sehen, wahrnehmen; sobald er selbst hervortritt, merken
wir, daß alles Blendwerk ist oder daß wir träumen.

Eine weitere Einmischung, die bei Spielhagen überaus häufig
ist, grenzt bereits an Verletzung der inneren Objektivität, ich meine
die Häufung von Adjektiven, welche der Autor jedesmal zur Bezeichnung seiner Lieblingscharaktere für nöthig erachtet. Immer wieder heißt es: „Else, die Kluge, Muthige, Treue" oder „Ferdinand
und Ottomar, die Guten, Schönen, Braven" und in ähnlicher
Weise weiter. Der Autor ist so verliebt in seine Helden, daß es
ihn drängt, seine gute Meinung von ihnen möglichst entschieden dem

Leser aufzudrängen, statt es diesem zu überlassen, sich über die seelischen Eigenschaften der einzelnen Charaktere (der seelischen; die leiblichen hat natürlich der Dichter kundzugeben) aus ihren Handlungen heraus ein Urtheil zu bilden. Dieses Urtheil dürfte in vielen Fällen ganz anders lauten als „gut, brav und klug".

Das sind Kleinigkeiten, gewiß; aber ich führe sie auch nur an zum Beweis, daß selbst ein Schriftsteller, der theoretisch so energisch das Richtige fordert, dann und wann in den Fehler der Masse verfällt. Wie aber sündigt diese Masse! Schlagt den ersten Roman auf, der Euch zur Hand liegt, und Ihr werdet fast auf allen Seiten Belege finden für die Thatsache, daß ein Jahrhundert ernster Ergründung fundamentaler ästhetischer Wahrheiten spurlos an der Masse der Skribler wie der Talente vorübergegangen ist. Ungefähr in jedem Kapitel tritt einmal das liebe Ich des Verfassers an die Rampe, um die Handlung durch eine überflüssige Parabase oder irgend eine Bemerkung zu unterbrechen, die von weiter nichts zeugt, als von dummstolzer Geringschätzung des Lesers. Der Dichter hat keine andere Aufgabe, als seine Charaktere so deutlich hinzustellen, seinen Stoff so durchsichtig zu entwickeln, daß es dem Leser selbst ermöglicht wird, Moral und alles übrige herauszulesen; das ist allerdings ein wenig schwieriger, als die Verworrenheit der Handlung und Charakteristik durch eine direkte Aufklärung seitens des Erzählers zu verschleiern.

Da liegt vor mir auf dem Tische die Erzählung eines jüngern Autors, der nicht zur Masse gehört, sondern eine Begabung tüchtiger Art verräth, Hermann Heibergs „Goldene Schlange". Gleich im Anfange plumpst mitten in die Erzählung der Erzähler hinein und zwar so plump und gröblich, daß nur die Alltagskritik derartige Kunstschnitzer übersehen kann. Anstatt selbst seine Heldin zu schildern, wie es doch seine verdammte Schuldigkeit ist, bittet er den Leser, die Lektüre zu unterbrechen und in den nächsten Kunstladen zu gehen, dort werde er das erwünschte Conterfei finden, vielleicht finden. Heiberg schreibt nämlich wörtlich: „Um sie zu beschreiben, verweise ich am besten auf ein Bild des verstorbenen Münchener Kaulbach, der in dem Goethe'schen Frauencyklus bekanntlich auch die Schachscene aus Götz von Berlichingen zwischen Page, Mönch und Adelheid zum Vorwurf genommen hat. Dieser Adelheid sah das Mädchen ähnlich, als ob sie ihm (wem?) Modell gesessen habe." Diese Schilderungsweise ist für den Verfasser sehr bequem, aber was wird aus der Kunst des Schriftstellers werden, wenn sie weiter Platz greift. Es wird nothwendig werden, Romane nur noch in der Gemäldegalerie zu lesen, denn bei jeder Anführung einer Landschaft wird der Dichter nur noch auf Ruysdael oder Achenbach verweisen, jede Charakteristik wird ersetzt werden durch einen Hinweis auf van Dyk, Holbein oder Velasquez und zu guter Letzt verwandelt sich der Roman einfach in einen Gemäldekatalog. Derselbe Autor schreibt an einer andern Stelle: „Es gibt gewisse Diener, die einem Hause einen bestimmten Charakter verleihen, deren Auftreten auf die Denkungsart seiner Bewohner schließen läßt." Einen solchen Satz schreiben, heißt nichts anderes, als die Reflexion an Stelle der Erzählung setzen; wahrhaft episch müßte es heißen: „Der Charakter des Hauses malte sich schon in dem greisen Diener, der u. s. w." Die Form der Epik ist das Imperfekt, ihr Untergrund ein bestimmter Fall; die allgemeine Moral dieses Falles herauszuklauben, ist Sache des Lesers; das Reflektiren des Dichters erzieht geistesfaule, unselbstständige Leser.

Ein noch bekannterer Dichter, als Heiberg, ist Viktor Scheffel. Sein gefeierter Roman Ekkehard ist voll von den gerügten Schnitzern, die heutzutage nicht mehr dem schriftstellerischen Schüler, geschweige denn dem Meister, ungeahndet durchgehen sollten. Jeden Augenblick reißt Scheffel den Leser aus seiner Illusion durch die Erwähnung „in unseren Tagen ist das so" durch ein Gleichniß, das nicht in den Ton seiner Fabel paßt wie z. B. „Die Hunnen starrten eine Zeit lang verwundert auf den närrischen Gesellen, wie die Männer kritischen Handwerks auf einen neuen Poeten, von dem ihnen noch nicht klar, in welchem Schubfach vorräthiger Urtheile sie ihn unterbringen sollen", oder durch eine Reflexion „Erfahrung häufiger Schläge lehrt Schweigsamkeit", wo erzählt werden sollte „die Erfahrung häufiger Schläge lehrte ihn Schweigsamkeit".

Und schließlich bozirt er direkt Literaturgeschichte.

Aber wozu mehr der Beispiele anführen für eine Thatsache, die für jeden Sehenden klar liegt!

Deutlicher jedoch, als die Verletzung der äußeren Objektivität
wird auch dem naiven Leser die Verletzung der inneren, welche als
Parteilichkeit, als Tendenz im schlimmsten Sinne des Begriffs an
den Tag tritt. Die Verletzung der äußeren schädigt nur die künstlerische Wirkung, ist nur ein Mangel des Künstlers, Tendenz aber
schädigt die menschliche Wirkung und ist des Dichters unwerth.
Wie solche Tendenz bei Spielhagen sich geltend macht, wie sehr er
der inneren Objektivität entbehrt, das läßt sich freilich nicht durch
Citate klarlegen, das läßt sich nur in großen Zügen zum Verständniß bringen.

Trotz aller Kunstgriffe Spielhagens sieht jeder Leser nach der
ersten Durchsicht seiner Romane, welchen Anschauungen Spielhagen
in religiöser, politischer, socialer, ästhetischer Hinsicht huldigt, ihm
bleiben die Ansichten und Meinungen der meisten Romanfiguren
weit dunkler als die des Autors. Es ist nicht meine Aufgabe,
Spielhagen den Menschen aus seinen Werken heraus zu construiren,
ich will nur andeuten, wie und weshalb das möglich ist. Wol läßt
Spielhagen die treibenden Kräfte der Gegenwart, so viele er sieht
und er sieht fast nur die politischen und auch von diesen nur einige
gegen einander spielen, ohne unmittelbar die Obmacht der einen
hervorzuheben, aber mittelbar sagt er es doch ganz offen, auf welcher Seite er das Licht stärker sieht als die Schatten, auf welcher
Seite die Schatten umfassender als das Licht. Als Beispiel wähle
ich den Roman „Die von Hohenstein". Es stehen sich in der Erzählung politisch drei Parteien gegenüber. Die aristokratische, vertreten durch das Geschlecht der Hohenstein sowie die vornehme
Bourgeoisie, die demokratische, vertreten durch den bürgerlichen
Mittelstand und die socialistische, weniger vertreten als angebeutet
durch Cajus und Münzer. Die erstgenannte Partei zählt fast einzig
Charaktere, die durch Genußsucht, Hochmuth und ähnliche Tugenden
zerfressen und zerfault sind, die zweite, zu der auch Wolfgang zu
rechnen ist, besteht aus lauter Wesen, die wol menschliche Schwächen
haben, aber in ihrem Kerne gesund und bis zur Engelhaftigkeit
edel sind, die dritte erinnert an die erste, ihre Helden sind thierisch
natürlich oder cäsaristisch sinnlich und ehrgeizig angelegt. Die Moral des Ganzen ergibt sich daher ganz von selbst: auf den Wolf-

gangs und ihresgleichen, auf dem gefunden, strebfamen Mittelstande beruht die Zukunft, der Abel ist morſch und faul und das Proletariat nur zukunftsfähig, wenn es im Mittelſtand aufgeht oder ihm folgt. Das iſt eine Meinung wie jede andere, ja noch mehr, es iſt wahrſcheinlich die Meinung des größeren Bruchtheils unſrer Nation, wie denn auch Spielhagen in ſeinen religiöſen Anſchauungen einem Zwitter von Materialismus und Idealismus huldigt, deſſen Unentſchiedenheit von jeher die Maſſe, die Mittelmäßigkeit angezogen, und ich verſtehe ſehr gut, daß Spielhagen aus den Erſcheinungen dieſer Zeit jene Meinung herausgeleſen. Aber ein Roman ſoll ein Kunſtwerk ſein, nicht ein Mittel, Meinungen vor die Oeffentlichkeit zu bringen. Darum handelt es ſich jedoch auch nicht, wird mir entgegnet werden; Du ſelbſt gibſt zu, daß der Roman ein Bild des Zeitlebens entwerfen ſoll und ebenſo wirſt Du einräumen, daß in unſerer Zeit die Politik das ganze Leben beherrſcht. Wie vermag daher ein Dichter unſre Zeit in ſeinen Werken widerſpiegeln, wenn er nicht die politiſchen Kämpfe in den Vordergrund ſtellt und wenn er zu dem letzteren gezwungen, wie kann er dem weiteren Zwang entgehen, die Parteien, ſo wie er ſie liebt und haßt, das heißt doch wie ſie ſeinen Augen erſchienen ſind, zu ſchildern und, um die Handlung zum Abſchluß zu bringen, den Sieg der einen über die andern als nothwendig erſcheinen zu laſſen.

Mein lieber Widerpart, Du ſelbſt haſt das Wort geſagt, das Dich widerlegt; der Roman ſoll allerdings ein Bild des Zeitlebens entwerfen, aber ich hebe hervor des Zeitlebens und nicht der Zeitgeſchichte. Wenn ich meinen Dickens leſe, ſo gewinne ich eine klare Anſchauung von dem engliſchen Leben dieſes Jahrhunderts, auch die politiſchen Meinungskämpfe bleiben mir nicht verhüllt, aber Dickens weiß, daß das Leben viel umfaſſender iſt, als Diejenigen ſich träumen laſſen, welche Geſchichte machen und Geſchichte ſchreiben, daß alles, was in die Geſchichte paßt, nur Schale iſt dem Kern gegenüber, der in allen Zeiten ſo gleich und doch ſo verſchieden iſt. Für Spielhagen aber iſt nur das vorhanden, was auch der Hiſtoriker erblickt, oder es iſt ihm wenigſtens das einzig Wichtige; er gibt nicht Bilder aus dem allumfaſſenden Leben der Zeit, ſondern erklärende Illuſtrationen, gewiſſermaßen Beiſpiele zur Geſchichte der

Zeit und zwar fast nur zur politischen. Einem naiven Leser, der die Romane Spielhagens ohne Hinblick auf die Zeitgeschichte, ohne Verständniß für die Tendenz genießen würde, wenn das überhaupt bei dem didaktischen Eifer des Verfassers möglich wäre, müßten drei Viertel jeden Romanes unerklärlich und ein Drittel interesselos erscheinen. Ein Kunstwerk, das geschichtliche Kenntnisse voraussetzt, ist kein reines Kunstwerk mehr und jedes Wort, das der Theoretiker Spielhagen gegen den historischen Roman sagt, richtet sich auch gegen ihn als Erzähler, denn auch er schreibt geschichtliche und zwar zeitgeschichtliche Romane. Diese letzteren dringen nicht in das innere Leben des Volkes, sie bleiben an der Oberfläche, sie sind Heroenromane in modernem Gewand, aber keine Volksromane; zwischen Samarow und Spielhagen besteht ein Unterschied des schriftstellerischen Könnens, aber keiner des Wollens und des Wesens. Oder wäre es ein Wesensunterschied, daß Samarow die geschichtlichen Zeitpersonen bei ihrem wirklichen Namen nennt und sie möglichst getreu zu copiren sucht, Spielhagen ihnen aber ein Phantasiemäntelchen umhängt und für Lassalle Leo Gutmann, für Friedrich Wilhelm IV. irgend einen namenlosen Popanz, für Preußen oder Bayern ein Land X. vorschiebt, das die auf der Karte Forschenden wie ein Irrlicht foppt.

Zu welchen kläglichen Folgen dieses Verfahren hinausführt, das zeigt die Sturmfluth. Da wird ein ganzes Kapitel der Unterredung gewidmet zwischen Giraldi und einem Anonymus, der aber offenkundig Windthorst ist; diese Unterredung gilt dem Kulturkampf und gleichwol haben weder Windthorst noch der Kulturkampf für den Roman irgend welche Bedeutung. Ein wahrer Bärenschlag aber gegen die Aesthetik ist es, daß die Katastrophe des Romans, wenigstens der einen Hälfte, aus einer außerhalb des Werkes liegenden Thatsache hervorgeht. Die Rede Laskers, welche den Zusammenbruch des Gründerthums herbeiführt, steht der Handlung gänzlich fern; weder tritt Lasker persönlich auf, noch erfahren wir von seiner Rede mehr als Andeutungen und gleichwol soll der Leser an die umstürzende Bedeutung der Rede glauben. Ueberdies sind durch den ganzen Roman Anspielungen verstreut auf Bismarck und andere Zeitgenossen, welche der Handlung so natürlich entsprießen

wie Vogelscheuchen dem Kornfelde. Und diese Verquickung von
Zeitgeschichte, deren Kenntniß bis in kleinliche Details vorausgesetzt
wird, mit Erdichtung ist kaum einem Romane fremd, überall führt
sie zu denselben Unzuträglichkeiten und macht schon der heutigen
Generation in immer weiteren Kreisen die Lektüre ungenießbar.
Der ganze Schluß von „Durch Nacht zum Licht" ist der Erzählung
einfach angeleimt, andernfalls müßte die Revolution organisch den
Vorgängen, die in demselben erzählt werden, entwachsen sein. Das
ist aber keineswegs der Fall; hier und da wird in dem Romane
wol von der politischen Bewegung gesprochen, aber sie selbst bleibt
ganz im Dunkel und am Ende befindet sich der Leser einer großen
Katastrophe gegenüber, ohne, wenn er nicht Zeitkundiger ist, zu
wissen warum und wie. In einem Kunstwerk soll auch nicht der
kleinste Moment in Erscheinung treten, der nicht in dem Kunstwerk
selbst begründet liegt, nicht aus ihm hervorsprießt wie der Zweig
aus dem Stamme. Spielhagens Schöpfungen sind Blumensträuße,
deren eine Blüthe im Garten, deren andere im Walde oder auf
der Wiese gepflückt ist, aber es sind nicht selbst Wiesen, Wälder,
Gärten. Darf er sich wundern, wenn eines Tages der Strauß
verwelkt, statt wie ein echtes Kunstwerk immer von neuem auf-
zublühen?

Die Tendenz spiegelt sich aber nicht nur in den Stoffen, in
der Handlung ab, sie beeinflußt vor allem auch die Charakteristik.
Es ist natürlich, daß der Erzähler, welcher seine Figuren nach zwei
Parteien sondert, deren eine mehr seine Sympathie besitzt als die
andere, auch an den Charakteren eine ähnliche Sonderung übt. Die
Folge davon ist ein Schematisiren, welches nicht Menschen schafft,
wie sie sind, sondern Menschen zu einem bestimmten Zwecke nach
der Schablone zustutzt. Hier und da verändert sich die Schablone,
wie in der „Sturmfluth", wo Adel und Bürgerthum sich ein wenig
anders gegenüberstehen, als in den früheren Romanen, aber die
Schablone waltet auch hier, nur daß die Tendenz eine etwas umge-
änderte fordert. Wer unser Volk nach Spielhagens Romanen beurtheilen wollte, der müßte, ich will nur ein Beispiel anführen,
die deutschen Pfarrer ihrem Durchschnitt nach für Heuchler oder
Dummköpfe halten. Bezeichnend für dies Schematisiren ist es, daß

der Geiſtliche, welcher am Schluſſe der „Sturmfluth" erwähnt wird,
in den erſten Auflagen als verbiſſener Zelot, in den ſpäteren als
humaner Proteſtantenvereinler erſcheint. Da der Schematiker keine
feſte Wirklichkeit vor Augen hat, ſo wird es ihm leicht, die eine
Figur auf irgend einen Anlaß hin in ihr gerades Gegentheil zu
verkehren. Nichts anderes als Tendenz, als Schablone iſt es auch,
daß Spielhagen jene Reihe von Geſtalten, welche er in ſeinem erſten
Romane vorführt, als problematiſche Naturen hinzuſtellen ſucht,
um den wohlfeilen Schluß zu ziehen, die Zeit von 1820—48 ſei
an ſolchen Naturen reich geweſen, den geſunden Naturen gehöre
die Zukunft. Was iſt denn eigentlich problematiſch an dem Helden
des Romans, dieſem Oswald Stein, der eben die Zwanzig über-
ſchritten hat und mit dem Bischen, was er gelernt, was er geſehen
hat, ſich berechtigt glaubt, über alle Dinge der Welt und Nichtwelt
abzuſprechen, um ſchließlich in Sinnlichkeit zu verkommen. An
ſolchen Naturen iſt noch keine Zeit arm geweſen, ich würde ſie nur
nicht problematiſche nennen, ſondern unreife Burſchen, die zu früh
der Schule entlaufen oder noch nicht die Schule des Lebens genügend kennen gelernt haben.

Wie der Meiſter, ſo die Maſſe. Wenn Spielhagen den Roman
benutzt, um ſeinen „beſtimmten Standpunkt" zu vertreten, warum
ſollte Levin Schücking es nicht offen als Zweck ſeiner Schöpfungen
predigen, die Emancipation des modernen Menſchen (insbeſondere der
Frau) zu fördern und klarzulegen, warum ſollte der Verfaſſer der
„Leokadie" nicht aus dem Roman eine Vertheidigungsſchrift des ortho-
doxen Lutherthums, warum Amyntor nicht Adel und Monarchie
feiern. Der Roman iſt zur Waffe geworden, zum erzählenden
Pamphlet, er wendet ſich nicht an das ganze Volk, ſoweit es des
Kunſtgenuſſes fähig iſt, ſondern an eine Partei, in deren Dienſt
er ſteht, der Erzähler wetteifert abwechſelnd mit dem politiſchen,
dem ſocialen, dem Kunſtſchriftſteller, er tritt für den Prediger ein
und übernimmt das Amt des Agitators. Es gibt nichts, was dem
Roman nicht aufgebürdet wird, er ſoll Naturkenntniſſe verbreiten,
er ſoll ein neues pädagogiſches Syſtem einſchwärzen, er ſoll für den
Darwinismus Propaganda machen und Anhänger werben für den
Verein zur Gründung von Kinderheilſtätten. Er ſoll alles, nur

nicht das Leben wiedererzählen wie es ist, wie es im Don Quijote, wie es in den Pickwickiern erzählt worden ist. Das sind Schöpfungen, die erfreuen alles Volk, ob es dieser Partei oder jener, diesem Jahrhundert oder jenem angehört; es bleibt ihm auch da nichts verborgen, weder sociale noch religiöse Strömungen, weder Kunst- noch Wissenschaftsleben, aber es sieht die Bilder aufgerollt, wie sie ein Gott sehen würde. Es wird nicht in den Kampf hineingezogen, sondern darf ihn von der Höhe aus wie ein Schauspiel erblicken, nicht sein Pathos wird erregt zum Für und Wider, sondern sein Mitgefühl, das alles Menschliche umfaßt. Was den Menschen im Leben beengt und beschränkt, das soll ihm die Kunst abstreifen, so lange er sie genießt, sie soll ihn fühlen lassen, daß es noch ein Höheres gibt, als zur Partei, zu Vorurtheilen schwören, nämlich Mensch zu sein, daß man die Kämpfe der Zeit mitfechten und doch in Stunden der Muße sie belachen, den Feind als Gleichberechtigten erkennen kann.

Glaubt denn der Tendenzschriftsteller, glaubt Spielhagen wirklich, in seinem „In Reih und Glied" einen Beweis für die Doktrin des Manchesterthums geliefert zu haben? Und wenn in derselben Zeit, wo der Tendenzschriftsteller sein Heil der Disciplin, der nivellirenden Massentaktik ruft, ein Bismarck im Kampfe mit der Masse den Traum der Masse zur Wirklichkeit macht, muß es in diesem Falle nicht heißen: schlechter Seher, schlechter Dichter? Wer allen Werth auf die Tendenz legt, der fällt, wenn die Tendenz zu Falle kommt, mit ihr. Wie jeder Arbeiter seine Fähigkeiten auf den Punkt conzentriren soll, auf dem er sie am reichsten zum Wohle der Menschheit entfalten kann, so soll auch der Erzähler nicht die sociale oder sonst eine Frage zu lösen versuchen, wohlverstanden als Erzähler nicht, denn auf jenem Gebiete wird der nationalökonomische Reformator das Höchste leisten, sondern er soll erzählen.

* * *

Tendenz ist gleichbedeutend mit Beschränkung und zwar ist die letztere hauptsächlich eine ideale, eine Beschränkung des Gesichtskreises, aber diese ideale Beschränkung hat eine Reihe von realen Beschränkungen im Gefolge. Doch es kommt dabei nicht nur die

Tendenz in Betracht, die Didaxis überhaupt ist auf Beschränkung
gerichtet; wer eine Moral predigen will, zu einer Lehre ein Beispiel
geben, der wird weniger auf Breite sehen, als vielmehr auf Prä-
cision, zuviel Nebenwerk ermüdet des Hörers Aufmerksamkeit.

Der Roman soll ein Weltbild geben, ein Bild der Zeit, je
umfassender, je tiefer, um so besser. Theoretisch ist Spielhagen ein
eifriger Vertreter dieser Ansicht, aber in Wirklichkeit sind andere
Ziele für ihn lockender. Freilich weiß er sich zu entschuldigen. Er
hält es einfach für unmöglich, daß in unsrer vorgeschrittenen Zeit,
deren Kultur so unendlich mannigfaltig, so reich verzweigt sei, ein
Roman alle Beziehungen, alle Verhältnisse umspannen könne. Als
ob es darauf ankäme! Der Roman soll eben aus diesen Beziehungen den einen Geist herauslesen, der in allen waltet, und
soll vor Augen führen, wie dieser Geist alle Kräfte des Volkslebens
beseelt. Dieser Geist ist allerdings durch ein einziges Verhältniß
wie Politik nicht zu erschöpfen, ein wenig tiefer ist der Schlüssel
schon vergraben. Nicht der Stoff ist das Hinderniß, sondern die
Spielhagen'sche Methode, die Einseitigkeit des Spielhagen'schen
Talentes.

Was ist der Untergrund aller seiner Romane, wenigstens der
bedeutenderen? Ein Gegenspiel zweier Familien, einer abligen und
einer bürgerlichen, Hier und da tritt für eine der Familien ein
einzelnes Individuum ein, wie in den „Problematischen Naturen"
und in „Hammer und Amboß", aber das hat auf die Entwickelung
weiter keinen Einfluß. Die Rolle, welche in der Erzählung „Die
von Hohenstein" die Schmitz und die von Hohenstein zu spielen
haben, fällt in der „Sturmfluth" den Schmidt und den von Werben
zu und „In Reih und Glied" sind es die von Tuchheim und Gutmann, in „Platlland" die von Vacha und die Zemplin, welche in
engster Beziehung zu einander stehen. Außer diesen Familien kein
Heil, sie erfüllen mit ihren Sprößlingen den Staat und keine Ge-
sellschaft gibt es, in der sie nicht den Mittelpunkt bildeten. Alle
Verhältnisse gewinnen auf diese Weise ein familiäres, ja patriarcha-
lisches Ansehen und so wird bereits hierdurch der Charakter unsrer
Zeit verfälscht. Jedermann in Spielhagens Werken kennt den Andern, alle sind vertraut und in die gegenseitigen Beziehungen ein-

geweiht, es ist ein Wunder, wenn einmal jemand gezwungen ist, sich vorzustellen. Besonders auffallend tritt die allgemeine Familiarität in „Sturmfluth" hervor. Selbst die Prinzessin Heinrich, die ein einziges Mal persönlich auftritt, ist mit allen Vorgängen, die der Roman erzählt, vertraut und wären sie so kleinlich wie ein improvisirtes Souper; daß diese Frau den gesammten Adel Preußens aufs genaueste kennt, so daß sie irgend eines pommer'schen Landjunkers Verhältnisse sofort beurtheilen kann, versteht sich von selbst. Alle Personen der Spielhagen'schen Phantasie bilden ja nur eine zwei- oder dreifach getheilte Familie.

Immerhin ließe sich auch aus diesem engen Kreise heraus ein Weltbild entfalten, wenn Spielhagen den mangelnden Weltblick durch Tiefblick ersetzte. Aber er sieht nur die Oberfläche. Um Politik dreht sich sein, dreht sich seiner Figuren Sinnen und Treiben. Die eine Figur ist, wie ein Uhrwerk, demokratisch, die andere aristokratisch, die andre sonstwie kratisch aufgezogen und nun pendelt eure kurze Bahn nach Herzenslust auf und ab. Daß es an neutralen Figuren nicht fehlt, ist natürlich, aber die Handlung jeden Romanes, und das ist die Hauptsache, beruht im wesentlichen auf politischen Gegensätzen; „Hammer und Amboß" macht keine Ausnahme, denn Versuche, die sociale Frage zu lösen, gehören unter Politik. Die sociale Frage! Wenn wir doch nur, ich meine aus dem Roman, die Nothwendigkeit einer Lösung ersähen! Es wird allerdings mancherlei von Hammer und Amboß gesprochen und hier und da wird es ersichtlich, wer der Hammer, wer der Amboß ist, aber was erfahren wir eigentlich vom Elend der Massen, wo führt uns der Autor in die Hütten, wo entrollt er uns Bilder, lebendige Bilder aus dem Dasein des Volkes, in allen und nicht nur in drei oder vier Schichten. An dieser Stelle ist die Achillesferse des Spielhagen'schen Schaffens! Welche Kreise lernen wir denn aus seinen Schöpfungen kennen! Ein wenig Königthum, viel Adel, besonders pommer'schen, ein wenig Bourgeoisie, viel bürgerlichen Mittelstand und ein Häufchen Bedienterei. Das ganze breite, bunte Leben, das sich in den kleinbürgerlichen, in den Schichten der Arbeiter, des Proletariats, des Vagabundenthums entrollt, ist für Spielhagen so gut wie gar nicht vorhanden; von Verbrecher- und Buhlen-

thum, das ganz sporadisch hervortritt, vollends zu schweigen. Welch
ein Reichthum ernster, heiterer, tragischer, erschütternder, komischer
Bilder ihm dadurch entgeht, brauche ich kaum hervorzuheben. Nicht
als ob nicht hier und da Arbeiter und ihresgleichen vorüber-
huschen, wie ließe sich das vermeiden, aber sie huschen nur, sie
treten weniger als Individuen, denn als Allgemeinheiten auf und
ihr Leben bleibt erst recht schemenhaft. Wie Spielhagen dieses
Leben umgeht, selbst wenn er die Schilderung nothwendig hätte,
das bezeugt „In Reih und Glied"; es wird dort viel von dem
grenzenlosen Elend gesprochen, das im Heimathsdorfe Tuskys herrscht
und da nun der Erzähler wirklich einmal die Güte hat, uns dem
Dorfe zuzuführen, läßt er uns an der Schwelle stehen, den Beginn
einer Liebesleidenschaft miterleben und das Kapitel ist zu Ende.
Aber ich gehe weiter! Was erfahren wir denn aus den Dutzend
Romanen Spielhagens von all den geistigen, künstlerischen, wissen-
schaftlichen Bestrebungen, von all den Entdeckungen und Erfindungen,
von all den Aufregungen und Begeisterungen unserer Tage, soweit
sie nicht mit der Politik zusammenhängen, was erfahren wir mehr
als Andeutungen. Andeutungen sind aber Sache des Historikers,
des Pamphletisten, jene Bestrebungen in Erzählung umzusetzen, das
ist die Aufgabe des Erzählers. Spielhagen löst dieselbe so wenig,
daß er es vermag, einen ganzen Roman über die Gründungsära
der 70er Jahre zu schreiben und in demselben das reale Leben so
zu umgehen, daß er den Leser nicht einmal an die Börse, den
Ausgangs- und Mittelpunkt des Getriebes, führt. Der Held von
„Hammer und Amboß" spricht das richtige Wort, wenn er sagt:
„War ich doch durch die sonderbarste Verknüpfung der Umstände
seit Jahr und Tag in den Kreis dieser Familie wie gebannt."
Dem Leser Spielhagens geht es nicht anders, er wird auch in den
engen Zirkel einer verwickelten Familiengeschichte gebannt, vernimmt
hier und da einen Klang aus der weiten Außenwelt, aber im großen
Ganzen scheint der Erzähler den heimlichen Wunsch zu hegen, daß
der Leser sich die Außenwelt selbst malen möge.

Und der tiefere Grund von alledem? Spielhagen hat einen
starken dramatischen Sinn und deshalb legt er seine Handlungen
mehr dramatisch zugespitzt als episch breitfließend an. Das Epos

wie der Roman, beide bedürfen wol eines leitenden Fadens, der die Bilder zusammenhält, einer einheitlichen Gliederung und Steigerung, aber sie verlieren ihr Bestes, wenn sie sich dem Gesetz der dramatischen Konzentration unterwerfen. Das Drama ist wie ein Obelisk, aus einem Stein gehauen, das Epos hat keine andre Einheit, als die Einheit der Perlenkette, und ebenso der Roman. Wie locker ist der Zusammenhang zwischen den einzelnen Theilen der Ilias, der Odyssee, des Don Quijote, aber diese lockere Gliederung ermöglicht eben den umfassenden Reichthum an Scenen. Spielhagen dagegen gibt seinen Romanen einen fast streng dramatischen Aufbau, alles drängt in ihnen auf eine Katastrophe zu und der Nebenwege, die in den Hauptweg münden, sind zu wenige. Ich will nicht sagen, daß diese Weise gegenüber der allzugroßen Zerflossenheit alter und neuer Romane nicht auch zum Theil berechtigt wäre, aber Spielhagen hat den Mittelweg nicht gefunden. Das Resultat beweist es.

Und noch ein anderer bedeutsamer Grund ist ersichtlich. Es sind wol niemals einer geringeren Fülle von Phantasie mehr Werke entflossen, als bei Spielhagen. Er hat eigentlich nur einen einzigen Roman geschaffen, so ähneln sich alle seine Erzeugnisse in Stoff, Anlage, Entwicklung, Schilderung, Sprache, Charakteren. Nur auf die Gleichheit der letzteren will ich hinweisen, sie spricht am deutlichsten. Fast alle Romane enthalten dieselben Figuren, den Präsidenten (stets mit feinen aristokratischen Händen), den General, den mißrathenen Sohn, den Onkel, die Tante. Tante Bella („Die von Hohenstein“), Tante Malchen („In Reih und Glied“), Tante Rielchen („Sturmfluth“) gleichen sich wie ein Bohnenblatt dem andern, alle drei haben in derselben Weise dem Bruder die gestorbene Frau zu ersetzen und die Empfindsamkeit hat eine von der andern geerbt. Den Wittwenstand bevorzugt überhaupt Spielhagen in ermüdend gleichförmiger Weise. Es ist eine Seltenheit, wenn eine der wichtigeren Personen nicht als Wittwer oder Wittwe erscheint. Von den Wittwern erwähne ich nur Peter Schmitz („Die von Hohenstein“), Freiherr von Tuchheim, General von Tuchheim, Förster Gutmann, Bankier Sonnenstein („In Reih und Glied“), Commerzienrath Stelter sowie der Vater Georg Hartwigs („Ham-

mer und Amboß"), Ernst Schmidt, General von Werben, der Buch=
halter („Sturmfluth") und fast sämmtlich wirthschaften sie mit
Tanten.

Jeder Roman enthält die sinnlich-leidenschaftlichen Frauen, die
Melitta's, Antonien, Constanzen, wie die keuschen, ganz und gar
edlen vom Schlage der Amelie's, Paula's, Elsen und beide haben
immer dieselben Rollen zu spielen, hinterlassen denselben Eindruck.
Nicht minder gleichen sich die seltsamen, genialen Weiber, die Syl=
via's und Angela's. In die Helden wie Oswald Stein, Reinhold
Schmidt, Georg Hartwig verliebt sich die ganze Frauenwelt, immer
sofort bezaubert. Das Verhältniß zwischen Lehrer und Schüler
spielt stets dieselbe Hauptrolle, ich erinnere nur an Berger und
Oswald, an Zehren und Georg, an Münzer und Wolfgang, an
Tuskh und Leo. Die Aerzte Braun, Paulus, Snellius sind drei
Spähne von einem Holz, die Baronin Basselitz in „Platt Land"
und die Baronin in „Angela" fast direkte Nachzeichnungen, die eine
von der andern, und die Gouvernanten Fräulein Duff und Fräulein
Pilz sind in derselben Weise übertrieben carrikirt und sämmtliche In=
triguanten gleichen sich an greller Bosheit wie ein rother Lappen
dem andern.

Es wäre kein besonderes Kunststück, die Romane Spielhagens
in einen einzigen umzuschmelzen; er könnte alle Situationen, Cha=
raktere, Schilderungen enthalten und brauchte dennoch nicht mehr
Seiten zu zählen, als jeder einzelne der Romane. Leicht wie der
Name selbst ist Onkel Schmitz in Onkel Schmidt zu verwandeln,
leicht ist es aus Wolfgang, Walther, Reinhold eine einzige Person
zu machen, die Werben in die Tuchheim aufgehen zu lassen, sechs
Tanten in eine oder zwei umzuschmieden, die Handlungen in ein=
ander zu stülpen und die Schilderungen aneinander zu kleben unter
Auslassung aller bloßen Wiederholungen.

Wenn es noch eines Zeugnisses bedürfte, daß Spielhagen mehr
Schriftsteller als Dichter ist, so wäre es die Enge, die Seichtheit
seiner Phantasie, die kein Auge hat für die tausend Brunnen des
realen Lebens, aus denen ewig neue Anregung quillt.

*   *   *

4*

Es gibt Kritiker, welche gerade in der Beschränkung Spielhagens auf ein engeres Gebiet gemäß dem Goethe'schen Worte seine
Bedeutung erblicken. Ganz recht, wenn sie damit sagen wollen, daß
es klug gehandelt ist von einem Schriftsteller, seine Begabung nicht
über ihr Können hinaus anzuspornen. Aber Spielhagen dürfte dies
Lob schwerlich erfreuen und ich selbst erwidere nur, daß ich Spielhagen hoch genug achte, um an seine Schöpfungen den Maßstab
der Meisterwerke anzulegen, daß meine Untersuchung nicht darauf
gerichtet ist, ob die Romane Spielhagens Werth besitzen, sondern
darauf, ob sie den Forderungen nach einem Romane wahrer Art
entsprechen. Von Stralsund über die Ostsee nach Rügen hinein
erstreckt sich ein kleines Gebiet, wo Spielhagen wirklich zu Hause
ist, von wo seine Phantasie einige lebendige Charaktere und Scenen
entnommen hat, aber seine Unlust an eindringender realistischer Beobachtung hat ihn verhindert, selbst dieses Gebiet in echter Erzähler-
weise auszunutzen. Es hat und wird sich das noch ergeben. Erst
die Ausnutzung aber macht den Roman, der ein Weltbild auch in
engem Rahmen geben kann, wenn der Dichter es versteht, im engen
Bilde das gesammte menschliche Getriebe wiederzuspiegeln. Nicht
nur das Meer, auch der Quell wirft den unendlichen Glanz des
Sternenhimmels zurück.

Spielhagen aber, trotz der allgemeinen Moral, die jedem Roman als Spiegel anhängt, trotz der endlosen Reflexionsgespräche, die
aus dem Roman mehr eine Sammlung zeitgemäßer Broschüren, als
eine Erzählung machen, schildert uns im Grunde so abnorme Verhältnisse, seine Handlungen gestalten sich meist so romanhaft im miß-
lichen Sinne des Wortes, seine Charaktere sind so individuell geist-
reich oder verrückt, der Umkreis seiner Beobachtung ist so beschränkt,
daß nicht einmal die Gesammtheit, geschweige denn eine einzelne
seiner Schöpfungen ein Spiegelbild der Zeit gibt. Was von der
Dichtung überhaupt gilt, das gilt auch vom Roman; er muß im
Leser, und als solchen soll die Epik das ganze Volk voraussetzen,
die allgemein menschliche Empfindung, die Anschauung erregen: Tat
twam asi, das bist du.

Wenn aber Spielhagens Schöpfungen keine Romane sind, was
sind sie denn? Die Antwort liegt nicht fern, es sind Geschichten,

die sich an die Wirklichkeit anlehnen, aber nicht um sie voll und ganz, verklärt von der dichterischen Phantasie, aufzunehmen, sondern nur, um einzelne Theile der Wirklichkeit phantastisch auszuputzen, sie durcheinanderzuschütteln wie in einem Kaleidoskop und sie schließlich durch den Trichter einer voreingenommenen Idee hindurchzupressen. Auf diese Weise entsteht ein Phantasiestück, das, angehaucht von dem Odem der Wirklichkeit, im Grunde genommen doch nur ein Spiel mit dem Wirklichen treibt, das den freien Flug der epischen Phantasie nur soweit zuläßt, als es dem Verstande, der sie am Stricke hält und hinterherleuchtet, dem moralisirenden Verstande möglich ist, mitzukommen.

Ich möchte überhaupt drei Formen und Gattungen der Prosaepik unterscheiden. Die erste Gattung bildet eben die Geschichte, deren Erzähler in der Wirklichkeit umherwandelt, um hier ein Stück aufzulesen und dort ein Stück, und zwar in der Absicht, einfach zu fabuliren, was und wie es interessant erscheint oder jedoch um zu moralisiren und Belege zu schmieden. Als zweite Gattung betrachte ich die Novelle, die sich in den einzelnen interessanten Fall der Wirklichkeit vertieft, um das seelische oder sonst welches Problem zu ergründen, das in dem Fall verborgen liegt. Die dritte Gattung bildet der Roman, welcher sich nicht begnügt, einzelne Stücke der Wirklichkeit dichterisch zusammenzuschweißen, sondern die Wirklichkeit selbst, wie sie in der Zeit des Erzählers, dieser Zeit, die des Erzählers Augen allein genau durchforschen können, zu Grunde liegt, in ihrem Gesammt-Charakter auffaßt und wiederspiegelt.

Die Masse dessen, was sich heute Roman nennt und in Zeitungsfeuilletons oder als fettleibige Bücher in Leihbibliotheken ein armseliges Dasein fristet, gehört der ersten Gattung an, wenngleich für Wirklichkeit gewöhnlich Lektüre gesetzt werden muß und die Phantasie nichts bildet als eine Blase, in die kunterbunt alles Gelesene hineingestopft, aus der es ebenso kunterbunt wieder hinausgepreßt wird. Die Schöpfungen der bedeutenderen Talente dagegen und unter ihnen auch Spielhagens sind eigentlich Gemengsel aus allen drei Gattungen, indem sie die Grundform der ersten entnehmen, die Problemsucherei mit der Novelle theilen und nach der Ganzheit des Romans wenigstens schielen. Die Klage Spielhagens, daß

Homer einfachere, übersichtlichere Verhältnisse vor Augen gehabt, als der heutige Erzähler, dem es schwerlich noch gelingen werde, ein Abbild zu geben, kann ich nur dahin versteben, daß er selbst fühlt, seine Romane entsprechen nicht der Forderung, die er theoretisch selbst gestellt hat. Immerhin aber thäte er besser, sich in dieser Hinsicht weniger um Homer zu kümmern, der doch am Ende keinen Roman geschrieben, und auf die großen Romandichter zu blicken, die wie Cervantes, Henry Fielding und Dickens (der freilich nicht immer auf gleicher Höhe steht) in Zeiten lebten, die von der unsrigen nicht allzu verschieden waren. Sein schriftstellerisches und künstlerisches Talent hebt ihn freilich um eine Haupteslänge aus der Masse heraus, aber er steht doch auf einem Boden mit ihr und theilt wesentliche Eigenschaften mit ihr. Wie der Masse, so fehlt es auch ihm an der realistischen Kraft, alles Wirkliche keck zu ergreifen, sind auch seiner Phantasie tausend Lebensgebiete verschlossen und mangelt auch ihm die lebenzeugende Originalität. Auch er sucht weniger das ganze Leben zu umfassen, als eine einzelne Handlung „romanhaft" auszuspinnen, auch er schöpft mehr aus Lektüre als aus dem Leben. Für diesen letzteren Umstand bietet „Hammer und Amboß" klares Zeugniß. Dieser Roman beruht nicht nur der Anregung, nicht nur der Form nach auf dem „David Copperfield" Dickens. Eins der Hauptmomente dieses Romans, die zweimalige Vermählung des Helden ist direkt in den Spielhagen'schen Roman übergegangen und in gleicher Weise ausgeführt. Copperfield heirathet zuerst die muntere, leichtfertige Dora trotz ihres Spatzenhirnchens und trotzdem sein Herz im Grunde längst der seelen- und herzensabligen Agnes gehört. Als Dora kurze Zeit nach der Vermählung stirbt, tritt Agnes als zweite Frau für sie ein. Bei Spielhagen ist die Entwicklung genau dieselbe; Hermine hat Aehnlichkeit mit Dora, Paula aber ist geradezu eine Kopie von Agnes. Daß Spielhagen die Ichform der Erzählung (der Held des Romans erzählt seine eigene Lebensgeschichte) gleichfalls von Dickens entlehnt, wäre nicht erwähnenswerth, wenn er sie nicht in so unglücklicher Weise angewandt. Dickens macht in richtiger Würdigung des Umstandes, daß nur ein Schriftsteller so erzählen kann, wie es in oder vielmehr mit dem Roman geschieht, seinen David Copperfield zum Schrift-

steller; bei Spielhagen aber ist der Erzähler, der so kunstgerecht,
so Spielhagen-schriftstellerisch schreibt, wie es eben nur Spielhagen
selbst vermag, ein Fabrikant, der sich vom Maschinisten heraufge-
arbeitet hat. Und welcher Unterschied auch sonst zwischen den Erzählern. Wie bescheiden tritt Copperfield immer wieder in den
Hintergrund, damit sich die ganze Fülle verschiedenartigsten Lebens
entfaltet; Georg Hartwig dagegen erscheint trotz des Gefängnisses,
in das ihn dumme Jugendstreiche bringen, als ein eitler Geck, der
es aller Welt zuposaunt, wie er sich emporgearbeitet, wie aller
Frauen Herzen ihm zuflogen, welche Höhe eblen Menschenthums
er erklommen. Wie arm ist dafür aber auch diese moralisirende, immer
lehrhafte Lebensgeschichte Spielhagens dem Dickens'schen Lebensroman
gegenüber an Gestalten, Erfindung und Realität. Daß Spielhagen
überdies den Schluß einfach übernommen hat, erhöht die Meinung
von seiner Originalität gerade nicht; war es ihm wirklich nicht
möglich, einen eigenen zu erzeugen!

* * *

In der Beschränkung, zu welcher Dibaxis und Moraltendenz
führen, begegnen sich zwei Richtungen, welche für den ersten Anblick
wenig Gemeinsames haben, die idealistische der deutschen und die
experimentale der französischen Schule. Die letztere von Zola her-
rührende Bezeichnung für den meist „naturalistisch" genannten Roman
der Neufranzosen brauche ich deshalb, weil das Wort naturalistisch
zu dem, was es ausdrücken soll, in gar keiner Beziehung steht.
Naturalistisch soll alle Dichtung sein; alle Dichtung soll die Natur
nachahmen, das heißt wie die Natur, gleich ihr schaffen, alle Dichtung soll Quelle sein, nicht Röhrenwerk, Leben zeugen und nicht
Phantome. Der Roman der Zolaïsten aber, der nicht mehr als
Werk der Kunst, sondern als ein wissenschaftliches Experiment ange-
sehen sein will, der sich in irgend eine Leidenschaft hineinbohrt, um
dieselbe nach allen Seiten bloßzulegen, der nirgends ganze, gesunde
Menschen sieht, sondern nur wandelnde Leidenschaften oder einher-
stolzirende Eiterbeulen, ist nicht minder einseitig, nicht minder beschränkt als der idealistische Roman und er mag deshalb seinen

Namen hernehmen, von wo er will, nur nicht von der Natur, der allumfassenden.

Woburch unterscheidet sich denn wesentlich das Verfahren Spielhagens von dem Zola's? Keiner von beiden sieht ins Leben, um es voll und ganz, als lebendige Einheit in sich aufzunehmen, sondern beide sehen nur ein begrenztes Stück, der eine die Oberfläche, die Blasen, welche gesellschaftliches und staatliches Leben werfen, der andere den schlammigen Grund, wo dämonische Leidenschaften gähren. Beim Nachsinnen über die Dinge, die er sieht, über die Menschen, die vor seinen Augen einherwallen (in den Zeitungen nämlich) packt Spielhagen ein Gedanke oder eine Idee, die er sich, bewußt oder unbewußt, vornimmt, durch einen Roman zu erweisen. Held, Gegenspieler und andere Hauptfiguren, mögen sie auch mitten aus dem Leben gegriffen sein, werden auf diese Weise zu bloßen Schemen verdammt, zu Schemen, die während der Arbeit nach Belieben lang gezogen oder zusammengepreßt werden können, aber es werden keine lebendigen Charaktere, die auch des Dichters Phantasie, wenn sie einmal von ihr erfaßt sind, wol noch modeln, aber nicht mehr verrücken kann. So klar, so wirklich stehen sie da. Spielhagen nimmt freilich allerlei Ingredienzen aus seinen Lebenserinnerungen, um sie den Figuren, der Handlung, die er braut, zuzusetzen, aber im Großen muß sich alles beugen und richten nach der Moral, die ihm vorschwebt. In fast gleicher Weise verfährt Zola; er will eine Leidenschaft seciren, etwa die Trunkenheit, und nimmt nun von allen Trunkenbolden Züge her, um aus ihnen einen einzigen Säufer zusammenzusetzen, und er gewinnt durch diese Weise eine Leidenschaft, wie sie so, Rad in Rad, Zahn in Zahn greifend, so logisch richtig aufgebaut in der Wirklichkeit kaum einmal in Erscheinung tritt. Er macht aus einem Organismus eine Maschine.

Es ist also kein wesentlicher Unterschied, der zwischen dem Deutschen und dem Franzosen waltet, sondern nur einer der Tendenz und weiterhin des Temperaments. Spielhagen geht um die Dinge herum und schildert ihr Werden und Wachsen an der Hand äußerlicher Geschehnisse, bis er eine Idee aus ihnen herausgeklaubt hat, Zola experimentirt an ihnen, bis er den Kern der Leidenschaft, die er sucht, in seiner ganzen Ekelhaftigkeit herausgeschält hat. Was

hätte Zola aus einem Verbrecher, wie Badder Deep, den Spielhagen in „Platt Land" bloß in seiner Erscheinung kennzeichnet,
von dem wir nichts erfahren, als ein paar Thaten und das Ende,
was hätte Zola aus dieser Figur gemacht, wie hätte er uns die
Fasern dieses Hirnes bloßgelegt und den allmähligen Fortschritt der
Fäulniß nachgewiesen. Spielhagen ist reicher, er ist vor allem mehr
Künstler, als Zola, der weder zu componiren noch Maß zu halten
weiß, aber Zola geht tiefer, es rollt, so sehr er es läugnen möchte,
mehr Dichterblut in ihm, als in Spielhagen, der wie ein Feuilletonist
an der Schale Genüge hat und vor den tieferen Gründen zurück-
scheut, und weil er mehr Dichter ist, ist er mehr Realist in Kolorit
und Sprache, während Spielhagen über den Salonton nicht hinaus-
kommt und in der Salonfähigkeit, vielleicht unbewußt, sein Ziel
findet. Beide sind einseitig und erst eine Verschmelzung ihrer Richtungen in einer höheren Einheit, eine Verschmelzung, die zugleich
die Schlacken und Einseitigkeiten aussonderte, ergäbe den Roman,
der ein Vollendetes bilden könnte, den realistischen Roman. Realismus in der wahren Bedeutung des Wortes schließt weder Idee noch
Idealismus aus, ihm ist das Lichteste, Reinste nicht zu erhaben,
aber auch das Nächtigste nicht zu gemein, kein Abgrund zu tief,
denn alles ist Realität, Wirklichkeit, und was dem Schöpfer nicht
zu gering, zu erbärmlich war zu schaffen, wie könnte das dem Neu-
schöpfer, dem Dichter, zu gering sein, es durch die klärende und
deßhalb verklärende Einheitlichkeit, Ganzheit des Kunstwerks neuzu-
schaffen. In diesem Sinne waren Shakespeare und Goethe Realisten
und in diesem Sinne muß auch der Roman realistisch in Inhalt wie
Form sein.

Was die didaktische Richtung in Spielhagens Roman nicht verbirbt, das verbirbt der Mangel an Realismus, die seichte Idealistik,
welche die Wirklichkeit bald durch eine blaue Brille, bald in einem
Hohlspiegel sieht. Von dieser Idealistik zeugen Handlung, Charakteristik und Sprache in gleicher Weise. Die Handlungen aller
Spielhagen'schen Romane haben jenen Anstrich, welcher unter der
Bezeichnung „romanhaft" längst in Verruf gekommen und als Gegensatz des Wahrscheinlichen, des Natürlichen aufzufassen ist. Gleich
jener Masse von Erzählern, welche in Winkelblättern ihr kläg-

liches Handwerk treiben, stellt auch Spielhagen fast ausnahmslos
ein paar leidenschafterfüllte oder romantisch seltsame Liebesgeschichten
in den Mittelpunkt seiner Romane und bringt schon dadurch seine
Schöpfungen in einen Widerspruch zur Wirklichkeit, welche der-
gleichen so selten bietet. Selten freilich nur im Verhältniß zu der
Zahl der alltäglichen Fälle. Dieses Verhältniß aber ist es eben,
welches eine Berufung des in das Romanhafte verlorenen Schriftstellers auf die Wirklichkeit unmöglich macht. Gewiß, die Wirklichkeit beschämt jede Phantasie, es ist in menschlichen Verhältnissen
kaum etwas vorstellbar, was nicht bereits von der Wirklichkeit ge-
zeugt wäre, aber die Wirklichkeit bietet jede Seltsamkeit als ein
Einmaliges unter millionen Gewöhnlichkeiten und jene glänzt daher
kaum hervor. Ist aber ein Ereigniß wirklich so fremdartig, daß
es sich der Aufmerksamkeit unwiderstehlich aufdrängt, so wird uns
selbst das Wirkliche zu phantastisch, wir suchen der Thatsache zu
entgehen durch Zweifel, wir nennen sie unglaublich oder wenigstens
„romanhaft" und wenn wir nicht mehr entrinnen können, so nehmen
wir sie resignirt als etwas Wirkliches hin. Im Kunstwerk haben
wir es aber mit einer Einheit zu thun, welche nur wenige, nicht
millionen Fälle umschließt, und wenn unter diesen wenigen Fällen
das Seltsame überwiegt, so fühlen wir uns unbehaglich wie in
einer Welt, die anders ist als die Welt, mit welcher wir vertraut
sind. Dem Kunstwerk gegenüber resigniren wir aber auch nicht wie
der Wirklichkeit gegenüber auf unsern gesunden Verstand, wir lassen
uns nicht damit abspeisen, daß eine Erscheinung wirklich ist, sie muß
auch wahrscheinlich sein.

Gegen dieses ästhetische Gesetz der Wahrscheinlichkeit sündigt
Spielhagen allenthalben und auf alle Weise. Es mag Wirklichkeit
sein, daß Vorpommern und Rügen eine solche Unzahl roman-
tischer, absonderlicher Charaktere enthält, wie nach Spielhagen an-
zunehmen ist, daß sich auf den Gütern jener Gegend immer wieder
solche eigenthümliche Ereignisse abspielen, wie sie in "den Problematischen Naturen", „in Platt Land" sich häufen, aber wahrscheinlich
dünkt es uns nicht, weil sich eben die Ereignisse, die Charaktere in
den Romanen so eng an einander drängen und nicht in der Menge
verlieren.» Es mag Wirklichkeit sein, daß aristokratische Damen vom

Schlage der Else („Sturmfluth") oder Helene („Problematische
Naturen") sich auf den ersten Blick in einen Hauslehrer oder einen
gewöhnlichen Schiffskapitän, der mit nichts imponirt, als mit blauen
Augen und einem sicheren Gange, verlieben, aber wahrscheinlich ist
es nicht. Und es mag Wirklichkeit sein, daß ein solcher Schiffskapitän, wie ein Magnet, die Sympathien von Männern und Frauen,
kaum daß sie ihn sehen und trotz seiner Unbedeutendheit, an sich
zieht, aber wahrscheinlich im ästhetischen Sinne ist es eben so wenig,
wie das leidenschaftliche Verhältniß zwischen der genialen Ferdinande
und dem simplen Lieutenant oder ein Phantasiezerrbild von der
Art „Angela und Nanni". Zu guter Letzt mag es auch in Wirklichkeit eine 82jährige Bäuerin geben, welche die Unsterblichkeit leug-
net, weil sie schon so viele Menschen sterben gesehen und nicht begreift, wohin alle die Menschen bei der Auferstehung sollen, aber
die Wahrscheinlichkeit, die mit dem Typus der Bauern rechnet, ist
dagegen. Wie eine Bäuerin auf den Gedanken kommen soll, die
Gestorbenen, für deren Auferstehung sie doch den Himmel als Schauplatz erwartet, fänden dereinst keinen Platz, begreift der gesunde
Verstand nicht, und bis die Bäuerinnen der Art nicht häufiger werden, hält er die Spielhagen'sche vorläufig für ein Postulat der Spielhagen'schen Aufklärungssucht.

Ich führe diese Einzelheiten weniger als vollgültige Zeugnisse
für die Romanhaftigkeit der Schöpfungen Spielhagens an, denn
vielmehr als Andeutungen, in welcher Richtung die Romanhaftigkeit
liegt; diese Eigenschaft durchtränkt so sehr die ganze Erfindung wie
alle Details, daß ich die Romane selbst hersetzen müßte, um den
vollen Beweis zu erbringen. Geradezu aus der Rüstkammer jener
Romantik, die in den Ritter- und Räuberromanen einer vergangenen
Epoche herrscht, sind Figuren genommen, wie die Zigeunerin in den
„Problematischen Naturen" oder die Griechin Irene im „Ulenhans".
Diese Hyperromantik erregt einfach das Lachen des Lesers, wenn er
sie mit dem Begriff Pommern in Verbindung bringt. Und Spielhagen
läßt derartige Knalleffekte mit einem Ernste losprasseln, als handelte
es sich nicht um kindliches Feuerwerk, sondern um Schlachtgeknatter,
als rechnete er immer nur mit der Hälfte eines Romans auf ein
Publikum von denkenden Männern, mit der anderen auf sensations-

lustige Näherinnen. Wie könnte er sonst eine Figur gleich der Lady Ballycastle in „Angela", diese irische Königsenkelin, die davon träumt, Irland den Engländern zu entreißen, statt humoristisch, tragisch, dämonisch zeichnen, wie könnte er sonst in einem einzigen Roman drei solcher Bastardverscheinungen wie Oswald Stein (der Sohn eines tollen Junkers und einer Bonne), Fürst Waldenberg (der Sohn eines Kunstreiters und einer russischen Fürstin), und Cziko (die Tochter des Barons Oldenburg und einer Zigeunerin) dem Leser aufdrängen, wie könnte er sonst verzwickte Erbschafts-geschichten vom Schlage der in der „Sturmfluth" erzählten als wichtige Momente der Handlung einreihen. Romanhaft ist es schließ-lich auch, wie Spielhagen am Ende seiner Schöpfungen den Tod unter seinen Figuren aufräumen läßt; diese massenhaft wirkende ästhetische Gerechtigkeit ist ebenso unwahrscheinlich wie unepisch und es kommt hinzu, daß Spielhagen nichts weniger als spröde in der Wahl von Todesarten ist, wenn er mit seinen Geschöpfen zu Ende kommen will. Albert Timm, Giraldi und Antonio könnten ein Lied davon singen, falls sie noch singen könnten.

Aber nicht nur in der Erfindung von Figuren ist Spielhagen phantastisch, er ist es auch in der Charakteristik. Seine Geschöpfe sind nur zum Theil Menschen, zum größten Theil sind es personi-fizirte Ideen oder Leidenschaften, weil sie nur von einer Seite er-scheinen, aber nicht als Convolute von Einseitigkeiten, deren eine überwiegen mag, die aber erst in ihrer Gesammtheit einen ganzen Menschen ausmachen. Antonio in der „Sturmfluth" erscheint fort-während wie „eine Katze", die beständig auf der Lauer liegt; daß es für den unglücklichen Italiener auch Zeiten gibt, in denen er Mensch ist, müssen wir annehmen, aber wir erfahren es nicht. Ein Italiener ist für den gewöhnlichen Romanschreiber eben nur als „tückische, intriguante Katze" vorhanden, ein Spanier nur als spitz-bübischer Marquis, der im Spiel betrügt, und ein Jesuit nur als fanatischer Unruhstifter. Ganz folgerichtig ist es daher, daß Giraldi, der Landsmann Antonio's, welch letzterem als Nebenfigur es genügen muß, Katze zu sein, daß Giraldi als Hauptfigur den ganzen Roman hindurch als Tiger erscheint. Dieser Giraldi ist ein wirkliches Pracht-stück der Spielhagen'schen Phantasie; ein Mann, „vor dem Könige

zittern", „ohne den der Papst sich nicht unfehlbar weiß"; der einen
Brief überfliegt, „um ihn noch nach einem Jahre auswendig zu
wissen", ein Mann, gegen den Valerie ausruft: „Allmächtiger Gott,
du wirst nicht dulden, daß der Schreckliche deine s ch ö n e We l t
z e r s t ö r t", und der ungeachtet aller dieser Gewalt, die ihm verliehen
ist, hinter einer Erbschaft von 1¹/₂ Millionen herläuft; diesen Mann
in das Berlin der 70er Jahre zu versetzen, das ist ein Kunststück seiltänzerischer Idealistik, wie es nicht gut überboten werden kann.

Und gleichwol steht Giraldi nicht allein. Ist sein Gegenstück,
der Zuchthausdirektor von Zehren in „Hammer und Amboß" noch
ein lebendiger Mensch, dessen Grundtypus es ist, nicht ohne Sünde zu
sein, oder bildet er nicht vielmehr eine Verkörperung der absoluten
Reinheit, des makellosen Edelsinns, wenigstens in der Auffassung
Spielhagens! Für den Leser dürfte es immerhin zweifelhaft sein,
ob ein Zuchthausdirektor, der einen Gefangenen so sehr bevorzugt,
daß er ihm das Gefängniß nicht etwa erst dann, als er erkennt, daß
der Gefangene nur auf diese Weise gerettet werden kann, sondern von
vornherein zu einem idyllischen Heim umschafft, ob ein Direktor
dieser Art seines Amtes werth ist. Und zu welchen idealisirenden
Ausschweifungen verführt diese Gestalt ihren Schöpfer immer wieder
und wieder. Welch ein Faustschlag gegen den Realismus ist die
gemeinsame Arbeit des Direktors mit den Sträflingen an dem durch-
brochenen Damm; Spielhagen wollte zeigen, wie eine edle Persön-
lichkeit selbst Verworfene bezaubert und zu Edelthaten hinreißt, aber
wenn überhaupt der Roman die Stelle ist, solche Beweise zu liefern,
konnte er nicht realistischer zu Werke gehen? Statt aus dem Leben
zu schöpfen, statt das zu erzählen, was ist, outrirt Spielhagen
lieber seine Phantasie in der Richtung dessen, was sein soll und
sein könnte.

Aehnliche Kunststücke der Charakteristik, aber nicht lebendige
Menschen unsrer Zeit sind Sylvia in „In Reih und Glied", die
bereits mit 13 Jahren in Jedermanns Urtheil als das bedeutende,
sibyllische Weib, als das sie später erscheint, feststeht, sind Angela,
Ulenhans und andere ihresgleichen. Uebertreibe ich, wenn ich Figuren dieser Gattung als Karrikaturen pathetischer Art bezeichne?

Ich denke nicht. An Karrikaturen scherzhaften Gehalts fehlt es ebensowenig, nur schade, daß Spielhagen uns seine Karrikaturen für
wirkliche Menschen verkaufen will. Ich will sie nicht alle aufzählen,
diese Gouvernanten, Junker, Tanten, Rentiers, von der Pastorin
Jäger und Frl. Duff bis zu den Ehegatten Sybold, denen Spielhagen niemals das Gehege der Zähne öffnet, ohne einen Strom
kindischer Albernheiten entfließen zu lassen, ein einziges Beispiel genügt, weil es zeigt, wie groß die Achtung des Autors vor der
Lebenskenntniß seiner Leser ist. In den „Problematischen Naturen"
trifft der Baron Oldenburg mit dem Herrn von Cloten zusammen,
mit einem Junker, den Spielhagen als Typus adeliger Bornirtheit
hinstellt. Ein Gespräch entspinnt sich und während desselben sagt
Cloten wörtlich: „Uebrigens traue Schrift (der hl. Schrift nämlich) nicht. Müssen doch selbst zugeben, Baron, diese Idee, alle
Menschen von einem Paar abstammen zu lassen — Adlige und
Bürgerliche — geradezu abgeschmackt, horribel, lächerlich. Habe mir
immer gedacht, daß Schrift von diesen Bürgerlichen in ihrem Interesse zurecht gemacht worden ist." Oldenburg bestärkt ihn ironischer
Weise in dieser Ansicht durch folgende Erzählung, die er wahrscheinlich für äußerst geistvoll ersonnen hält. Er habe im Kloster Athos
(„wo liegt das?" fragt Cloten; „zwischen Indus und Oregon", ant-
wortet der geistreiche Oldenburg) ein uraltes Manuskript gefunden,
das die Schöpfungsgeschichte anders als die Bibel wiedergebe.
Darnach seien von vorn herein zwei Menschenpaare geschaffen, ein
adliges und ein bürgerliches. „Der Name dieses ersten adligen Ge-
schlechts ist nicht ersichtlich. Gerade an der einen Stelle, wo er
ausgeschrieben gestanden hat, ist ein großer Klex; nur ein C war
noch zu erkennen und in der Mitte ein t." „Vielleicht Cloten!"
wirft der Junker ein. Und in dieser Weise geht es weiter. Jenes
Paar hatte ein Dienerpaar, den alten Adam und die Zofe Eva.
Als sie sich schlecht betrugen, jagte der Herr sie fort und schrieb
ihnen ins Gesindebuch „entlassen wegen Unehrlichkeit, Putzsucht und
Arbeitsscheu". „Haben Sie das Buch mitgebracht?" fragt Cloten.
„Nein, aber eine vom dortigen Landrath beglaubigte Abschrift."
„Gibt es denn auch dort Landräthe?" „Ach, lieber Freund, kann
denn ein Land ohne Landräthe bestehen?"

Muß ich ein Wort hinzufügen? Persönlich hege ich ganz im Stillen die Meinung, daß Spielhagen seiner Menschenkenntniß, wenn Goethe, Dickens und andere Meister nicht ausreichen, zu Zeiten auch durch den „Kladderadatsch" Vorschub leistet.

* * *

Karrikaturen jedoch, wie sie Spielhagen liebt, zeugen nicht nur für die Sucht des Schriftstellers, lieber grell als wahr zu zeichnen, sondern sie deuten auch an, wie fernab ihm der Humor liegt. Erzwungener Humor ist kein Humor und weil Spielhagen sich Zwang anthun muß, seinen steten Ernst abzuschütteln, so bringt er es nach der Seite des Lächerlichen hin nicht über verzerrende Komik oder höhnische Satire. Der Hohn aber tödtet den Humor, denn der Humor betrachtet die Menschen als Kinder, und selbst ihre Narrheiten nur als närrische Streiche. Daher bedeckt er alle Schwächen mit dem Mantel väterlicher Güte und jedes Zornfeuer, ehe es aufflammt, verraucht. Weil er aber die Menschen als Kinder ansieht, deren Leidenschaften, Irrungen und Kämpfe vor dem Auge ewiger Erhabenheit nur als Sonnenstäubchen, nur als Schattenspiele und weniger verdammenswerth erscheinen, als es die Kämpfenden selbst sich träumen lassen, eben deshalb wird der Roman, den der Humor durchtränkt, besser als der pathetische, geeignet sein, die Realität wiederzuspiegeln. Von dem Humor beleuchtet wird die Realität nicht wie im Leben verletzend, abstoßend, aufregend zu Haß oder Liebe sein, sondern erhabene Ruhe zeugen, durch welche die Kunst die Menschen den Göttern nähert, jene wahrhaft ästhetische Stimmung, in der tragische Schauer wie komische Schütterungen gleich rastlos aufgehen.

Keime zu einem solchen realistischen Roman höchster Art liegen in den Schöpfungen unserer Humoristen in großer Zahl, aber auch nur Keime. Was unsren Humoristen von Jean Paul bis auf Raabe als Erstes und Bestes fehlte, das war der künstlerische Sinn, ohne den jedes Sein chaotisches Gewirr, aber nicht organisches Leben wird. Vielleicht auch das höchste künstlerische Streben, das einzig ringt, das Ideal der Gattung zu erfüllen und nicht auf Nebenwegen kleineren Zielen nachgeht. Und weil ihnen der wahre Kunstsinn fehlte, so ermangelten sie der äußeren Objektivität durch die sich das Subjekt selbst als Objekt setzt, um in der Allgemeinheit aufzugehen und durch welche das Subjekt mit Realität erfüllt, nicht aber die Realität durch das Subjektive zersetzt wird.

Mit andern Worten, der Humor muß sich in den Dienst der Kunst stellen, nicht souverain die Gesetze der Kunst verachten wollen.

* * *

Auf einen Mangel an realistischer Beobachtung oder auch auf ein Unvermögen, die Beobachtung in lebenswahre Charakteristik umzusetzen, weist schließlich die Art und Weise hin, wie Spielhagen Episoden einflicht. Ich wähle ein Beispiel. In den „Problematischen Naturen" soll die Geschichte des Barons Harald, der weit vor der Zeit lebte, in welcher die Haupterzählung spielt, berichtet werden. Und wem vertraut Spielhagen diesen Bericht an? Einer Bäuerin, einer Greisin von 82 Jahren; diese gibt die Erzählung, ohne Unterbrechung, auf 24 Seiten, und als ob es der Unnatur noch nicht genug wäre, in wohlgesetztem Schriftstellerdeutsch zum Besten. Dieses Schriftstellerdeutsch führt mich unmittelbar auf die Sprache, das Material, mit dem Spielhagen seine luftigen Gebäude aufführt. Wie könnte es anders als gleichfalls luftig sein! Auf den ersten Anblick hat die Sprache Spielhagens etwas Bestrickendes, seine Sätze wogen und schimmern wie flüssiges Gold. Wer aber näher zusteht, der erkennt bald, daß er es mit einem Autor zu thun hat, der die Kunst versteht, das Gold eines Dukatens so auszuhämmern, bis es einen Reiter, Mann und Roß, einzukleiden vermag. Auch in der Sprache zeigt Spielhagen sich, nicht immer, aber für gewöhnlich, als ein Glied der großen Masse. Ich habe vergebens nach einem neuen Bild, nach einer neuen Wortfügung in seinen Romanen gesucht; der besondere Stil, der ihm eigen ist, entsteht einzig und allein durch übermäßige Getragenheit, durch ein Pathos, das auch das Geringfügigste auftreibt, wie flüchtiges Gas einen Ballon. Wie dieses Pathos zur Phrase verführt, habe ich bereits ausgesprochen, als ich der Leichenpredigten Spielhagens erwähnte, aber die Zeugnisse liegen fast auf jeder Seite seiner Werke. An und für sich wie schön ist das Gespräch zwischen Reinhold und Cilli in der „Sturmfluth" (S. 144), aber im Zusammenhange des

Romans, der Menschen und nicht Engel schildert, klingt es wie ein
Geläut von Phrasen, weil ein Kind von 16 Jahren und ein Schiffskapitän unmöglich reden können, wie sie reden. Und wenn es in
„Hammer und Amboß" heißt, daß es das Höchste sei, sein Blut
hinzugeben für einen Andern, wie sehr man sich manchmal darnach
sehne; aber der Andere bedürfe in diesem Augenblicke vielleicht nicht
dieses Opfers, sondern nur eines Nichts, eines Stückes Brod, einer
wollenen Decke und mit allem Blute könne man gerade das nicht
herbeischaffen, so weiß ich auch dafür keinen andern Ausdruck als
Phrase. Auf welch einsamer Insel muß Jemand leben, wenn er
mit all seinem Blute kein Stück Brod herbeischaffen kann. Am
meisten aber tritt die Phrase in den Liebesscenen zu Tage. Die
echte Leidenschaftlichkeit auszudrücken bleibt Spielhagen fast immer
versagt, seine Kraft ruht in der Reflexion. Die Leidenschaft und
vor allem die Liebe schwätzt, stammelt, ja athmet nur, aber sie ruft
nicht die Sonne als Zeugen an und ergeht sich nicht in seitenlangen
Prosarythmen. Spielhagen hat freilich nicht die Höhe erklommen,
die Ebers in seiner „Egyptischen Königstochter" erreicht, dem ein
Liebesgespräch in lauter Jamben aus der Feder fließt, aber er
kommt ihm doch z. B. in „Was die Schwalbe sang" bis auf die
Jamben nahe. Nicht minder übertrieben, nicht minder unrealistisch
sind zumeist die Worte, mit denen Spielhagen seine Lieblingsfiguren
schildert. So heißt es von Angela: „Sie hatte diesem Trugbild alles
geliehen, was ihr selbst das Höchste galt: Leidenschaft und Begeisterung der Kunst und unendliches Sehnen und rastloses Streben
nach dem Vollkommenen" oder ein andermal „dahin, dahin, als wäre
sie nie gewesen, diese Welt von Liebe und Edelsinn und höchster,
reinster Geisteskraft". Solch ein weiblicher Genius wandelte auf
Erden und wir erfahren es erst durch Spielhagen. Diese Ueber-
treibung erinnert mich an jenen Fehler, den Spielhagen ebenfalls
mit Krethi und Plethi theilt, an den Fehler, fingirte Berühmtheiten
zu Trägern der Romanhandlungen zu machen; oder ist es nicht eine
direkte Störung der Illusion, wenn der Held der Geschichte „Was
die Schwalbe sang", Gotthold Weber, als der hervorragendste Land-
schaftsmaler der Gegenwart eingeführt wird, trotzdem keiner der

Lefer je von ihm gehört hat! Das find Kleinigkeiten, aber taufend kleine Wunden wirken manchmal tödtlicher als wenige große. Kein dichterisches Gebilde steht der Wirklichkeit so nahe wie der Roman, keines ist so einzig auf das Wirkliche angewiesen, im Gegensatz zur Einbildung und deren Idealen, keines empfindet daher eine Ver=letzung, die aus dem Zusammenstoß von Einbildung und Wirklichkeit herrührt, tiefer. Muß ich noch weitere Einzelheiten erwähnen, um die unrealistische Sprachweise Spielhagens zu kennzeichnen, muß ich es anführen, daß Spielhagen viel zu zart ist, um Hosenträger zu sagen, daß er jeder Salondame durch „Beinkleiderträger" Genüge thut, daß eine sehr junge, naive Landdame vom „Christfest ihrer Freund=schaft" spricht, daß unter „Gewändern" ein gewöhnliches Reisekleid zu verstehen ist, nein ich verliere mich nicht darin und gehe lieber auf einen oft wiederkehrenden Fehler ein, der den akademischen Geist des Verfassers ins helle Mittagslicht stellt.

Eine wahre Scheu hat Spielhagen nämlich davor, die wirk=liche Sprache des Lebens in seinen Erzählungen wiederzugeben. Die Folge davon ist, daß die meisten seiner Personen in fast unerträg=licher Weise den gleichen übergebildeten Jargon, daß sie fast alle gleich Spielhagen'sch, gleich floskelhaft und getragen reden. In „Hammer und Amboß" tritt ein Oberwerkmeister auf, von dem der Erzähler behauptet, er verwechsele stets mir und mich. Kaum fängt aber dieser vermeintliche Deutschverderber, auf dessen komische Ausdrucks=weise sich der Leser bereits freut, selbst an zu reden, so spricht er richtig wie ein Schulmeister. Und so geht es hundert Mal in Spielhagens Romanen; immer wieder sagt er uns, daß Der und Der nur platt rede, ein knorriges Platt, und jedesmal hören wir dem breiten Munde das milchigste Hochdeutsch entfließen. Aus dieser Scheu, das Wirkliche einfach wiederzugeben, in diesem Falle es zu nennen, wie es heißt, entspringt auch die Angewohnheit, die Oert=lichkeiten seiner Erzählungen durch lauter Pseudonyme zu bezeichnen. Stralsund heißt bei Spielhagen Sundin, Greifswald Grünwald, (welche Verballhornung!), die bekannten Straßen Berlins Unter den Linden und Unter den Zelten werden bei ihm in Akazien und Buden verwandelt, ja, die Wilhelmsstraße wird sogar in Williams-straße englisirt. Auf dem halben Wege zum Realismus bleibt er

stehen, wenn er Tante Riekchen in der „Sturmfluth" alle Fremdwörter „tyrannifirt", „Timbuktu" u. f. w. ganz richtig sprechen,
aber stets hinzufügen läßt „so heißt es ja wohl". Wahrscheinlich
fürchtet Spielhagen, irgend ein Leser könne, falls der Autor wirklich realistisch schriebe: „canarischer Marmor" oder „Dünnbuktu",
annehmen, der Autor stehe selbst mit der Kenntniß der Fremdwörter
auf gespanntem Fuße.

Es ist ein natürlicher Zusammenhang, daß die Scheu, sich
realistisch auszudrücken, leicht in die Scheu, realistisch zu schildern,
übergeht, denn das letztere ist ohne das erstere nicht denkbar. Spielhagen schildert ein Souper, an dem sich Gründer, Aristokraten und
Damen des Ballets betheiligten; schon ist der Taumel so hoch ge-
stiegen, daß die Damen sich zutrinken mit den bakchantischen Worten:
„Bertchen, ich komme Dir ein Ganzes!" „Ist recht, Trinchen!",
da endet der Erzähler plötzlich die Schilderung mit dem Satz: „die
Gläser klangen zusammen; höher und höher gingen die Wogen der
Lust und schlugen über dem letzten Rest von Anstand und Sitte
brausend zusammen". Spielhagen ist und bleibt Prediger, er begreift nicht, daß dieser Satz kein Bild gibt, wie es der Erzähler
geben soll, daß er nichts als eine leere Deklamation, ein Pinselstrich,
aber kein Gemälde ist.

All diese Scheu jedoch gehört zum Wesen, zum Charakter
Spielhagens, er ist Akademiker, nicht Realist, und er geht deshalb
nicht gern über die Grenze hinaus, welche der Salon noch billigen
darf; seine Menschen sind lauter maskirte Spielhagens, wie Auerbachs Bauern lauter verkappte Auerbachs sind. Trotzdem darf es
nicht unausgesprochen bleiben, daß er auch an Sprachgewalt und in
der Kunst der Sprache weit aus der Masse hinausragt. Um so
klagenswerther ist es freilich, daß selbst er wie fast alle unsre
ersten Schriftsteller sich nicht mehr reinhält von eigentlichen Sünden
gegen die deutsche Sprache, von Flüchtigkeiten, von Verhunzungen,
denen gegenüber der Kritiker die traurige Wahl hat, den Schulmeister zu spielen oder zu schweigen. Das Zeitungsdeutsch bringt
mehr und mehr auch in die Schöpfungen der Talente ein und die
Sucht, nach Fabrikantenweise mit den Konkurrenten in Zahl und
Umfang der Produkte zu wetteifern, läßt auch hervorragenden Autoren

5*

nicht mehr die Muße, ihre Arbeiten von mißgebauten Sätzen, hölzernen Wendungen, falschen Bildern und vielleicht selbst von Unsinn rein zu feilen. Ich brauche nur die ersten besten Bücher, die mir in die Hand fallen, aufzuschlagen und eine Blüthenlese von Unrichtigkeiten und Flüchtigkeiten ist mir gewiß. Da schreibt Paul Heyse, um auszudrücken, daß der Kutscher keine Eile habe, „Auch schien es dem Kutscher durchaus nicht zu eilen" (Gute Kameraden), was etwa den Sinn hätte: „Auch schien dem Kutscher, daß irgendein es (das Pferd) nicht sehr eile" oder Brachvogel „auf und davon reitend, flog ein Freudenschrei von seinen Lippen" (Der deutsche Michel), wonach es reitende Freudenschreie gibt und Spielhagen selbst „Für das, was ich auf einem andern Schauplatz that, zu lebenslänglicher Gefangenschaft begnadigt, müßten Sie erst das seltsame Geheimniß verstehen, die Zahl meiner Tage zu vergrößern, wenn Sie mir die Qual meines Kerkers verlängern wollen" (Die von Hohenstein). Diesem Satze zufolge wären die mit Sie angerufenen Personen (die Richter) zu lebenslänglicher Gefangenschaft begnadigt für das was das Ich (Münzer) auf einem anderen Schauplatz gethan. In „Plattland" spaziert Gerhard von Bacha durch den Hof und 18 Zeilen später, als seiner zuletzt Erwähnung gethan worden, fängt ein ganz neuer Abschnitt an: „Enten, Hühner und Tauben und ein prächtiger Pfau, der nickend vor ihm hertrabte". Satzungeheuer wie das folgende, das ich „Hammer und Amboß" entnehme, sind bei Spielhagen nicht selten: „Wie der gute Klaus mir dieses selbstmörderische Vorhaben ausgeredet und wie er mich die steile Leiter wieder hinaufgeschafft hat, weiß ich nicht; doch muß es irgendwie geschehen sein, denn als wir in den Hafen liefen, war ich wieder auf Deck und sah die Maste der vor Anker liegenden Schiffe an uns vorübergleiten und zwischen den Raaen und Spieren hindurch die Sterne tanzen und der Halbmond stand auf dem spitzen Thurm der St. Nikolaikirche und fiele dann mit einem Male herunter und ich wäre auch beinahe gefallen, denn der „Pinguin" streifte eben ziemlich hart die vorspringenden Balken der Schiffbrücke, auf welcher wieder eine schwarze Menschenmenge stand, die aber nicht Hurrah schrie, wie heute Morgen, sondern wie mir vorkam, auffallend still war und als ich durch sie hindurchdrängte, mich, so schien es, mit wunberlich ernsten Gesichtern anstarrte, so daß mir zu Muthe wurde, als sei irgend ein Unglück geschehen, oder es werde demnächst eins geschehen und ich selbst hätte irgendwie das Unglück zu Wege gebracht."

Daß Spielhagen allerdings so nachlässig in der Feile wäre, wie Paul Heyse, Auflage nach Auflage einen Satz paradiren zu lassen, wie den in „Kinder der Welt": „Er sah durch die blaue Brille, die er neben sich auf dem Tische liegen hatte, in die Land= schaft hinaus", ist mir nicht aufgefallen. Aber ich habe auch die= sen unbewußten Kampf gegen die Reinheit der Muttersprache nur beiläufig erwähnt, weil auch er ein Zeugniß dafür ist, daß die Literatur vollends von ihrer Höhe herabsinken wird, falls nicht die drohende Gefahr neue, größere Kräfte auf den Platz ruft. Wenn die Talente stolpern, wälzt sich die Masse schon im Schmutz; ein Blick in die Zeitungen, in die Feuilletons und es wird deutlich, welche Uniformität der Sprache und zwar einer schlechten Sprache alle beherrscht, wie realistische Frische und Kernigkeit seltener ge= worden sind, denn reiner Wein, welch eine Schwulst unsinniger Phrasen und Bilder unverdrossen zu Tage gefördert wird. Es liegt mir aber fern, diesen Schmutz aufzuwühlen.

* * *

Dreierlei hoffe und glaube ich erwiesen zu haben. Zunächst, daß der deutsche Roman der Gegenwart, soweit er durch Spielhagen vertreten wird, kein reines Gebilde erzählender Dichtkunst, daß er durch Didaxis, Moral, Reflexion und Tendenz in jeder Weise zer= setzt ist. Ferner, daß dieser Roman kein Weltbild gibt, d. h. in der umfassenden Darstellung einer Zeit und eines Volkes das all= gemein Menschliche wiederspiegelt, sondern der Handlung, den Cha= rakteren wie der Form nach ein beschränktes Familiengemälde bietet, welches nicht organisch, sondern künstlich und deshalb nur scheinbar durch Tendenzen und Reflexionen verbreitert ist. Und endlich, daß der deutsche Roman nicht als Ergänzung des idealen Epos getreu die Realität der Menschen und Dinge wiedergibt, sondern daß Erfindung, Charakteristik und Sprache von einer seichten, die

Phantasie mehr durch Lektüre als Wirklichkeit nährenden Idealistik zeugen.

Das glaube ich erwiesen zu haben, freilich nur durch Andeutungen, aber durch Andeutungen, die zu weiteren Belegen jeden Romanleser herausfordern und welche nur Einzelheiten sind aus einem Schatz von Bemerkungen, die ich aufgehäuft.

Einigemale durfte ich den Theoretiker Spielhagen gegen den Praktiker selbst aufrufen, es dient mir zur Genugthuung, daß ich auch zum Schluß, wo es gilt, mit kurzen Worten der schriftstellerischen Bedeutung Spielhagens gerecht zu werden, an seine eigene Theorie anknüpfen kann. Wie ich bereits hervorgehoben, soll nach ihm der Roman ein Weltbild sein, wie es in einer Zeit und einem Volke zur Geltung kommt. Die Novelle dagegen bildet nach seiner richtigen, aber rein formalen Erklärung, die über den inneren, den Wesensunterschied von Roman und Novelle keinen Aufschluß gibt, die Darstellung eines kleineren, scharf begrenzten Ausschnittes des großen Weltgetriebes. Nun frage ich im Hinblick auf die Ausführungen, welche ich bisher gegeben, was sind denn alle Erzählungen Spielhagens von den „Problematischen Naturen" bis zu „Hammer und Amboß", bis zu „Platt Land" anders als Darstellungen eines kleinen scharf begrenzten Ausschnittes des großen Weltgetriebes, was anders also, denn nach der Meinung des Verfassers Novellen! Und in der That, Spielhagen ist mehr Novellist, als Romanerzähler, seine Romane sind dramatisch concentrirt, nicht episch breit, sie bieten nicht eine Welt von Bildern wie der Don Quijote, sondern drehen sich, festgefügt, um ein oder zwei Probleme. Als Muster hat Spielhagen weniger Goethe's Meister als seine Wahlverwandtschaften vor Augen, eine Erzählung also, die wol den Gesetzen einer höchsten Novelle, nicht aber denen des Romans entspricht; es wird denn auch kein literarisches Werk öfter in den Geschichten Spielhagens erwähnt, als dieses Goethe'sche. Es athmen daher jene seiner Erzählungen, welche Spielhagen selbst Novellen nennt, zu welchen ich jedoch auch die kleineren Romane rechne, weit mehr Frische und wärmere poetische Kraft als die größeren Schöpfungen, in denen Moral und Tendenz das Dichterische verschlingen. Allerdings an Reflexion sind auch die Novellen überreich, so daß

ich manchmal zweifelhaft bin, ob in die Novellistik dieser Art nicht
zu guter Letzt auch die Platonischen Dialoge einzureihen wären.
Aber die Novelle, die auf einen kleineren Umfang berechnet ist und
weniger das ganze Leben zu spiegeln, als es vielmehr in irgend einem
Punkte hell zu beleuchten sucht, vermag wie jede kleinere Dichtung
eher eine gewisse Last ethischer Reflexion zu tragen, als der Roman,
der weniger straff auf ein einziges Ziel gerichtet ist. Eine Lehr-
dichtung wie der Hiob würde, zu einem Epos von 20 Gesängen
auseinandergezogen, reizlos wie eine Sandwüste sein.

Die Stellung Spielhagens in der Literaturgeschichte ist trotz
aller seiner Schwächen keine bedeutungslose, denn in seinen Schwächen
vertritt er eine Epoche und in manchen dieser Schwächen liegt ein
Keim von Vorzügen der Vergangenheit gegenüber. Wol ist Spielhagen in romantischen Allüren befangen, denen selbst das rein
Phantastische nicht fehlt, wol kann er nirgends der romantischen
Schminke ganz entbehren, aber wenigstens in der Reflexion, der
Moral und theilweise auch in der Charakteristik strebt er einer
realistischen Weltgestaltung zu, strebt er nach dem Ruhm, national
und modern zu sein. Wol ist er ein Tendenzschriftsteller, aber doch
rollt durch seine Schöpfungen mehr Lebensblut, als durch die Erzeugnisse des jungen Deutschlands, und so ganz abstrakte Phantasie-
gestalten wie Gutzkow in seinem „Basedow und Söhne“ sie zeichnet,
bilden bei ihm die Ausnahme, nicht die Regel. Den Mitstrebenden
gegenüber gewinnt er den Vorsprung ab durch die Klarheit seiner
ästhetischen Anschauungen, denn ihr verdankt er es, daß die Verletzung der formalen Objektivität bei ihm zur Seltenheit wird, daß
er seiner Zeit treu ist und den Spuk der historischen Romane für
Spuk ansieht, daß er schließlich mehr nach Umfassenheit strebt als
irgend ein Anderer. Nach der und jener Seite hin übertreffen ihn
freilich mehrere der Mitstrebenden. Robert Schweichel steht über
ihm, was Frische der Charakteristik und Poesie der Schilderung be-
trifft, Wilhelm Jensen hat eine reichere Phantasie, Wilhelm Raabe
dringt tiefer in den Realismus des Kleinlebens ein und Julius
Rodenberg ist farbiger, gestaltungskräftiger. Und in jenen Vorzügen
Spielhagens, in diesen besseren Erscheinungen liegt denn auch die
Gewähr, daß eine neue Epoche nicht fern ist, daß auch der heutige

Roman einer Uebergangsperiode zur Höhe hin angehört. Noch gibt es Erzähler, welche erzählen können, welche mehr Poeten als Schriftsteller sind und noch gibt es Erzähler, denen die Gottesgabe echten, goldigen Humors verliehen ist. Freilich wie einst im 16. Jahrhundert ist es zunächst die kleinere Erzählung, in der ein gesundes Leben pulsirt und zur Erscheinung kommt. Welche Leidenschaft, welcher Realismus athmet nicht aus den Novellen der Galizier Franzos und Sacher Masoch, und welcher Humor nicht aus den köstlichen Geschichten Gottfried Kellers, wie viel markige Kraft durchbringt nicht die Schöpfungen Konrad Ferdinand Meyers! Und manch anderer Name ließe sich noch anreihen. Eine Gewähr liegt aber auch in den Bestrebungen der Jüngeren. Wol sind es mehr Feuilletonbilder, als Poesiegestaltungen, welche Max Kretzer in seinen Berliner Romanen bietet, und wol erliegen die Geschichten Wolfgang Kirchbachs, welche in seinen „Kindern des Reichs" vereinigt sind, dem Wust von Tendenz und unkünstlerischem Beiwerk, aber beide erweitern nicht nur stofflich die Kreise des Romans, sie suchen auch nach realistischer Tiefe und Körnigkeit. Es ist noch alles Gährung und viel Wüstheit in diesen Gebilden, aber diese Gährung verheißt mehr Zukunft, als das Stagniren in alten Formen und alten Idealen.

Diesen Erscheinungen stehen allerdings auch andere gegenüber, die eine neue Entwicklung wie Sumpfflachen überwinden muß. Vor allem rechne ich hierzu die Modeerscheinung des culturhistorischen Romans, wie er in Ebers gipfelt. Alles Historische hat in der Poesie nur dann Berechtigung, wenn es gleichsam als ein Selbsterlebtes durchgeführt wird, wenn wir unter den Menschen der Vergangenheit wandeln, als wären wir ihresgleichen, wenn wir trotz der fremden Gewänder fühlen, da ist Fleisch von unserm Fleisch und Blut von unserm Blut. Das heißt nicht, die Dichtung soll die Vergangenheit modernisiren, soll aus Athenern Berliner machen, eher umgekehrt, sondern es heißt vor allem, wir sollen Vergangenheit und Gegenwart vergessen und uns als Glieder der ewig einen Menschheit fühlen. Alles Geschichtliche muß von der Poesie verzehrt werden, wir müssen dasselbe empfinden, was wir aller Dichtung gegenüber empfinden sollen, dieser Mensch bist du, das ist deine

Entwicklung, nicht die Entwicklung deines Individuums, sondern des Menschen, des rein Menschlichen in dir. In diesem Sinne sind die griechischen Erzählungen Oskar Linkes, trotz einzelner Mängel, wahre Poesiegebilde, in diesem Sinne ist Ebers jedoch nichts als ein Schriftsteller, der mühsam das Erlernte wieder von sich gibt und seinen eigenen kleinen Geist dem Geist der Zeiten unterschiebt.

Das aber ist das erste und höchste Ziel einer neuen Ent- wicklung, daß der Roman wieder den Händen des Schriftstellers entwunden und zu einer Sache der Poesie wird. Niemals wird der Roman die herrlichsten Ideale der Poesie erfüllen, ebensowenig wie die Komödie, die in keiner Zeit das Allmenschliche so tief und wirksam zur Gestaltung brachte, wie die Tragödie, aber darum sind der Roman-, der Komödiendichter noch keine Halbgeschwister des Dichters, sondern nur ärmere Geschwister, deren Wirkungskreis in idealer Hinsicht ein beschränkterer, deren Thun zumeist ein vergäng- licheres ist. Der Schriftstellerroman ist didaktisch, er sucht die Wirk- lichkeit für allerlei Tendenzen auszubeuten, der Dichterroman spiegelt die Realität nur durch Erzählung wieder und alles Ethische liegt nicht anders in ihm als in der Natur. Der Dichterroman macht deshalb das Epos nicht überflüssig, sondern er ergänzt es, er füllt die Zeiten aus, die zu steril sind für die Schöpfung eines Epos, denn er braucht nicht so reichen Boden wie dieses.

In diesen Bestimmungen findet die Kritik ihre Grenze, sie kann die Richtung muthmaßen, in welcher die Bildung eines Romans höchster Art liegt, sie kann schließen, daß er ein umfassendes Zeit- gemälde, realistisch packend und treu, poesie- und humorerfüllt, ein- heitlich, aber breit und reich sein muß, sie kann anspornen, in jener Richtung vorzugehen, im übrigen aber kann sie nichts als hoffen auf ein Genie, das ihr Ahnen erfüllt und, wenn es kommt, über alles Erwarten und auch über alles Verstehen hinaus erfüllen wird. Die Kritik kann mahnen und warnen, aber nur das Genie kann lösen aus den Banden, in denen nicht nur der Roman, in denen die Dichtung der Gegenwart überhaupt gefangen liegt, aus den Banden der Tendenz, der Convenienz, des Dilettantismus, der alle Dämme überfluthenden Reflexion. Die Kritik kann klagen über die Verweiblichung der Poesie, die nur im Salon und in der Töchterschule noch heimisch ist, nur das Genie aber kann die Männlichkeit wiederbringen, den Sturmgeist, der alles Kleinliche niederwirft, nur das Genie kann auch den gewaltigen Einfluß des Romans, den er mittel- und unmittelbar auf die Zeitgenossen übt, wieder zu einem heilsamen, die Seele durchdringenden machen. Freilich, wenn das Gewitter verrauscht ist, wird auch der Staub von Neuem fliegen, aber wir haben doch einmal wieder Lebensluft geathmet.

www.ingramcontent.com/pod-product-compliance
Lightning Source LLC
Chambersburg PA
CBHW021526270326
41930CB00008B/1105